朝日新書
Asahi Shinsho 589

グローバリズム以後

アメリカ帝国の失墜と日本の運命

エマニュエル・トッド

聞き手・朝日新聞

朝日新聞出版

日本の読者へ

これは、朝日新聞による私のインタビューを、友人の大野博人がまとめた本です。そこに前書きを書いていることをとても幸せに感じています。

記事としてこれらのインタビューが掲載された期間は1998年から2016年までの18年に及びます。この長い年月、私は、歴史的に大きな転換が起きている局面で、世界がどこに向かっているのかを理解しようと日夜、努力をしてきました。「長期持続」という視点を重視するフランスの歴史学派の代表である私は、日々の政治的、軍事的な出来事や、その登場人物たちが声高に叫ぶことに振り回されず、つねに社会の深いところで起きている流れを把握しようと努めてきました。

1998年に行われた最初の対話から、そんなふうにして考えたことを話してきました。そのときのテーマは、欧州の単一通貨導入という試みでしたが、その非現実的な性格への理解のために、それぞれの国民の人類学的、人口学的、文化的基礎がどうなっているかに言及したのです。

それは私の一般的な方法の良い見本でもあります。米国のイラク侵攻や西欧世界での民主主義の危機について語るときも、その方法を採用していることは本書でお分かりいただけるだろうと思います。

それぞれのインタビューが記事になってから年月が経っていますので、読者の皆さんは私が1998年以来、述べてきた予測や分析が妥当かどうか判断できるのではないかと思います。最近のインタビューはもちろんまだ時間の経過による批判を受けてはいません。予測の試みにとどまっています。しかし、もっと古い予測への時間のテストの結果を見ていただければ、最近の予測が当たりそうかどうかについて評価していただくことはできると思います。

ここで、この年月、１９９８年から２０１６年という決定的な年月の大きな輪郭を思い起こしておきましょう。それは終わろうとしている期間であることを確認しなければなりません。英国のＥＵ離脱（Brexit）や米国大統領選挙の候補者としてのバーニー・サンダース氏やドナルド・トランプ氏の登場、欧州での移民危機などの出来事は、西欧社会が深いところで後戻りすることのない進化をしていることの帰結なのです。一つの時代の終わりと、別の時代の始まりを示しています。

１９９８年と２０１６年の間に私たちは、グローバリゼーションが国を乗り越えるという思想的な夢が絶頂に上り詰め、そして墜落していくのを経験したのです。それは、一つの国（ナショナル）というよりむしろ帝国（インペリアル）となった米国に主導されながら進んでいきました。

１９９８年ごろ、情報革命ということがだれの頭にもありました。情報伝達と通商の加速は世界を縮めることができるように見えました。伝統的に米国による支配への抵抗の柱だったロシアは崩れてしまっていました。前例のない経済的、文化的な危機に陥り、国としては消滅の瀬戸際にあるのではないか。そう見る人々もいました。どんな力も西欧の夢にあらがうことはできないようでした。

中国の共産党政権が世界に提供した労働力が、西欧の労働者階級に取って代わろうとしていました。欧州は、単一通貨が実現し、ポスト国民国家のシステムとして自らを構成しようとしていました。2002年の1月1日に社会に流通し始めました。2003年の3月20日に、米国はイラクに侵攻します。公式には、そこに「民主主義」を押しつけるためでした。

世界は、様々な重い伝統から免れたように見えました。1998年から2016年の間に、世界でインターネットを使う人はおそらく人口の5%から50%くらいに増えました。

しかし、飛び上がったグローバリゼーションは墜落したのです。

2016年、米国は疲れています。停滞に、そして長く続く賃金の中央値の低下にも疲弊しています。自分の社会の中の不平等が拡大して破壊的な影響をもたらしつつあることを自覚しています。雇用される人たちにとっては、2008年の景気後退から米国は本当には回復していないのです。1999年から2013年までの間に、45歳から54歳の白人人口の死亡率が上昇したという事実から目をそらすわけにはいかなくなっています。

2016年、欧州は危機に陥っています。他のパートナーたちよりも経済的に強いドイツはEUの主導権を握っています。しかし、自身は、数十年にわたるとても低い出生率の結果、人口という点で歴史上前例がない深刻な危機にさいなまれています。

同じように人口の問題に直面しながら、高齢化と人口減少を受け入れている日本とは逆に、ドイツは、自分とは文化的にかなり違う国々からの大量の移民に門戸を開くという選択をしました。ドイツ国内で起きている変容は、リスクに満ちています。その出口がどうなるにしろ、ドイツは自分自身の問題に集中せざるをえなくなり、内向きになっていくでしょう。

欧州は建設から解体へと移行しています。最初に英国が、そんな欧州というシステムから脱出することを選んだのです。

西欧は、経済と同じくらい政治、イデオロギーでも消耗しています。理想化された資本主義と民主主義を世界に広めるというグローバル化の夢、フランシス・フクヤマが言うところの「歴史の終わり」は、今日はるかに遠いように思われます。中東は、民主化どころか国家の解体の中にいます。中国は、開放どころかおびただしい腐敗が吹き出しています。

さらにまずいことが起きています。西欧の人々の目に、そのエリートたちは明らかにこう映っています。米国でも英国でもフランスでも、彼らは、もはや自分たちの声を聴かず、寡頭制に傾いて最も古いリベラル民主主義をむしばみつつある、と。

2016年、中国は西欧の停滞に脅かされています。成長率は鈍化しています。中国の開発モデルの人為的な面がはっきりし始めました。中国は国内で発熱し、軍事的に落ち着きを失っています。

２０１６年、ロシアは今、その帝国としての地位を失ったとしても、国としてほぼ回復しています。その政治システムは、石油価格の下落にもかかわらず、みごとに安定しています。その軍事機構は、核戦力についても通常戦力についても再び組織化されました。ロシアは、そのナショナルな空間にクリミアを再統合し、米国を恐れることなくシリアに介入しました。死亡率はまだ高いけれども、下がっています。

日本は、安定していますが、老いつつあります。そして、安定しているけれども疲れている米国、安定しているが縮んだロシア、解体しつつある欧州、次第に不安定になっていく中国が形作る新しい世界の中で、自分の道を見つけなければなりません。核兵器が依然として力と均衡の道具となっている世界で、日本はかつてないほどに経済的、軍事的安全にかかわる構造的な問題の解決を迫られています。ロシアは２０００年に戦略ドクトリンを見直し、ロシアの国家としての安全が脅かされる場合には核兵器使用も辞さないと決めました。１９９３年に公表したドクトリンと異なり、そのような核兵器使用が引き起こす破滅的な意味に言及さえしていません。

重視されているのは、防衛的な意味合いです。つまり、人口が日本に近くなっている今、核兵器で通常兵力の不足を補わなければならないと考えているのです。より大きな敵対勢力を前にして国民の安全を守るためには必要であると考えています。ロシアの核ドクトリンのドゴール主義的な修正と言ってもいいかもしれません。

私が日本に対して核武装を促した2006年のインタビューは、そうしたロシアの変化も見た上で読み直していただいてもいいでしょう。

この前書きの最後に、私の方法の大きな間違いについてはっきり申し上げておきたいと思います。

私はフランス歴史学のアナール学派の数世代の史家によって育てられました。マルク・ブロック、フェルナン・ブローデル、エマニュエル・ル＝ロワ＝ラデュリ、ピエール・ショーニュといった人たちです。ですから、なによりも大衆、ふつうの人たちに関心を寄せてきました。そして、家族構造や教育水準、人口の動き、宗教的あるいはイデオロギー的体質といったこととの分析を通して、その姿をつかもうとしました。

しかし、私は長い間、先生たちと同じように、統治する者たち、指導者たち、エリートたちの特性にはそれほど注意を向けてきませんでした。しかし、エリートたちの能力や情念、道徳性といったことについても、大衆についてと同様、経験主義的な手法で研究できるし、するべきです。私の場合、エリートについての経験主義的な研究が不足していたことで、しばしば彼らの知性や責任感、道徳性を過大評価していました。

だから私は、何度も何度もフランスの指導層が結局はユーロの失敗を認めて、自分たちが引きずり込んだ通貨の泥沼から、社会を引き出してくれるだろうと思ってしまいました。

結局、違った。ユーロは機能していない。けれども消えていません。若者がひどい扱いを受け、とくに移民系で最も弱い人たちのグループがのけ者になる事態は続きました。

つまり、フランスの指導層は、ユーロを壊すくらいならフランス社会の一部を壊したほうがましだと考えたのです。フランスのエリートたちが過ちを認めないために、どれほどの影響が出ているのか。それは今日、テロ行為が増えていることからも推し量れるでしょう。

私にとって、自分の国を批判することはとくに簡単なわけですが、かといって、欧州を加盟国の不平等なシステムにしてしまったドイツのエリートや、中東の社会組織を破壊してしまった米国のエリートがもっと責任感のある人たちだった、などという気はさらさらありません。

エリートの振る舞いを予測する点では、彼らの力についての経験主義的なしっかりした研究が欠けていたために、私は人間性についての楽観的な見方に傾いて判断を間違えてしまいました。

残念です。しかしそれでも白状しておかなければいけません。私はこの根本的な楽観主義と縁を切ることに、それほどこだわってはいません。

私は、大衆が自分たちにもたらされたショックに抵抗できていることに感動しました。また、世界のエリートたちがいつか、自分の人々の幸福と安全のために献身的に働くようになるのではないか、という希望も捨てていません。
観念的なシステムの勝利ではなく、むしろ軍事的、経済的な力の実際的な均衡によって、それぞれの国の文化を尊重しながら世界の平和を確保することは可能だと信じ続けます。

エマニュエル・トッド

目　次

V　終わらない「対テロ」戦争 167

9・11に始まった文明の衝突 182

I　夢の時代の終わり

米国が変わろうとしている

――この夏、米国で過ごしたそうですが、ドナルド・トランプ氏が共和党の大統領候補になったことの意味をどう考えますか。

私としては、トランプ候補だけでなくサンダース候補も合わせた全体として見たい。米国の有権者層あるいは社会で、根本的な問題について、大きな変化が起きている。それが表れていると考えます。ある意味で、選挙の結果自体は二次的です。

根本的なこととは、トランプ候補が持ち出している外国人嫌いの面ではない。むしろ通商問題、つまり対外貿易の問題についての考え方の大きな変化です。自由貿易に対しての戦いに乗り出してみせる。それがトランプ候補にもサンダース氏にも共通していることでした。

支離滅裂で挑発的なトランプ氏のスタイルの陰に隠れがちですが、彼を支持する人たちの反乱には理があります。彼らはもはや生活レベルの低下や死亡率の上昇も、また、宗教や中絶についての従来の共和党の言説も受け入れてはいません。

米国滞在中に、テレビで民主党の党大会を見ました。サンダース氏の演説で、会場が大きく反応し、サンダースの支持者たちが声をあげ、プラカードを突き上げたのは、対外貿易、環太平洋経済連携協定（TPP）に触れた時でした。

米国社会では、大学教育まで受けていない大衆層だけでなく、もっと上の階層、本当の中流を構成している人たちまでもが、自由貿易についての意見を変えています。米国は大統領がだれになるにしても、大きく方向を変えようとしているのです。

今、不可逆的な転換点にあるのだと思わせる指標があります。昨年、ある人口動態調査が明らかになりました。それによると、45歳から54歳までの米国の白人の死亡率が1999年から上昇しているのです。

米国での収入の中央値は下がっていて、まだ2008年のリーマンショックによる危機前に戻っていません。そのことが経済的、社会的、心理的な不満に行き着きました。

それが、これまで米国で特権的だと見られていたグループ、つまり白人たちの死亡率の上昇にまでつながっているのです。

もちろん収入の中央値の低下のことはだれもが分かっていて、2008年のリーマンショックによる危機とつなげて見ようとします。しかし、この低下の原因は自由貿易なのです。より低賃金の労働力をめぐる競争なのです。

ただ、ここに来て白人の45歳から54歳という層の死亡率が上昇しているとなると、それは途方もないことなのです。こうした上昇は、おそらく自殺や麻薬、肥満といったことが原因でしょう。それはとくに高等教育を受けていない、中等教育までの人たちへの打撃となっています。

米国の社会全体が苦悩の中にあります。自由貿易、生活レベルの低下、絶え間のない構造改革がもたらした経済的な不安定、高齢になったときに何が起きるか分からないという退職後の不安。それらが、多くの人にとって耐えがたい状況を現実に作り出しているように見えます。

私は最近、よく英語の表現を使ってこう言います。グローバリゼーション・ファティーグ（グローバル化疲れ）。自由貿易問題をめぐって選挙の争点が大きく変わっていること。それは根本的なことだと思います。

ただ、これは選挙戦ではかなりかすんでいます。というのも候補者の2人が、大多数のアメリカ人にとって、人間としては相当受け入れがたいからです。

この選挙戦には、まったくどうかしているようなところがありました。ヒラリー・クリントン氏はひどい人物だと考えられています。米国人に、ですよ。フランス人の私の意見ではありません。彼女は、アメリカ人の3分の2に嫌われている。トランプ氏も3分の2に嫌われている。ヒラリー・クリントン氏は公私混同と見られるスキャンダルにとらわれている。トランプ氏のものの言い方も、ありえないようなひどさです。

この表面化したまじめさの欠如、見るからにグロテスクな面。これらのことが、この大統領選挙が、実はロナルド・レーガン大統領が選出されたとき以来、最も重要なものだという事実を見えにくくしてしまっているのです。合衆国、米国社会が思想的な大転換のとば口に立っているということを見えにくくしています。

一つの世代が過ぎて

つまり、1980年にレーガンのサイクルが始まって、今、それから35年以上が経ったわけです。これは一つの世代に相当します。その間、たくさんのことがありました。ソ連・共産圏の崩壊、グローバル化、レーガンと英国でのサッチャー政権の規制緩和もそうです。

私は人類学者なので、世代の変化という視点でこのことを考えます。私は個人的、家族的な事情からアングロサクソンの世界には親しんできていて、その知識もあります。その私が、ずっと前から英国や米国の歴史について驚かされるのは、世代が変わるときの、心理的、文化的な変貌の大きさであり、柔軟性です。

フランスの歴史をちょっと見てみましょう。19世紀のフランスの小説、たとえばバルザック、スタンダール、フローベールを読む。そこには野心をいだく若者がいて、パリに上京し、女性に興味を持つ。読んでいる人は、彼らを自分になじみの人物だと感じる。

今度は、16世紀にさかのぼる。たとえばロンサールの詩を読んでみる。なんだかんだいっても、読んでいる人はそこになじみの人物がいるような印象を持つ。次は古典時代。モリエールの作品で、主人と召使いの関係を見る。私は、同じようなことを今日のフランスにもあると感じる。私は、貧しくなったブルジョア家庭の出身ですが、モリエールの作品の中の召使いのような人物はいました。つまり、フランス社会は大まかに言って、文化的に安定しています。

けれども、英国は違う。エリザベス朝の詩を読む。そこで女性への愛を語るときは、フランス人と似たようなところがある。しかし次に、ピューリタニズムやプロテスタンティズムの興隆があり、クロムウェルが出てきて、一種の厳格さが数世代続く。そのあと、18世紀の小説などには、機嫌のいい、愉快な人物が登場する。そして19世紀になると、今度はヴィクトリア朝に抵抗するピューリタニズムの再登場となり、それが20世紀に大きくなっていく。そして第2次大戦後は、あらゆる形の改革とともに、とても労働者寄りになる。それからサッチャーが出てきて、労働者階級に挑戦をする。そんな具合です。

米国について言うと、ルーズベルト大統領の米国は、ニューディール政策とともに突然、所得税の水準をすごい高さに決めた。で、そのあとに、すべてをやめてしまう。とても個人主義的で、世代が交代するたびに断絶するのが、ほとんど制度のようになっているアングロサクソンの世界を、家族構造という視点から説明してみましょう。そこでは、子どもはかなり早くから親を離れて生きていかなければなりません。だから、親たちは子どもの面倒を見るとしても、子どもは親とは同じような人間にはならないのです。最も確実なことを言うのは難しく、とくに米国は巨大な国ですから、軽々に語るわけにはいきません。

それでも、米国は自分自身と世界について今までとはまったく違う考え方に変わろうとしている、という仮説を頭に置くようにしたほうがいいと思います。

国家に戻る流れ

——1世代、この約35年というのは、国民国家衰退の時代でもあったのでしょうか。

そうです。この35年は、最もしっかりした国々にとっては、国家の弱体化の時代、最も不安定な国々にとっては、国家の破壊の時代でした。

世界の開放、ある種のエリート主義、階級への分裂、収入の格差拡大、社会的経済的不平等の広がり。その時代は、ある意味で米国が帝国であった時代とも一致します。米国の指導層が、自らを米国だけでなく世界の主人だと思い、米国の国民さえも上から見るような時代でした。帝国とはそうしたものなのです。理論的には帝国には、支配する中核部分があります。しかし、その中核に属する一般の人々は、必ずしも特権的な地位にない。

ソ連という帝国の中で、そのシステムに一番苦しんでいたのはロシア人でした。周辺の人々はまだ少しましでした。つまり米国の場合も、米国人自身が、その帝国支配にとても苦しめられてきたのです。

——そして今、その米国人も英国人も国民国家の枠組みに戻ろうとしている、と。

まったくそういうことです。それがトランプ氏の演説の奥にあることです。だから、経済的な演説に外国人嫌いの要素が混じるのです。

しかし米国での動き、大転換の核心は、経済的なところ、自由貿易への問題提起というところにあるのです。メキシコについての演説などはむしろ二次的に思えます。

――英国の場合も?

英国の場合、トランプ現象に当たるのはEU離脱問題(Brexit)ですが、そこではむしろ外国人嫌いが原動力になりました。あまりにたくさんの移民を受け入れることへの拒否反応です。しかし、それを外国人嫌いと呼んでいいのかどうか。だって、人々には自分の土地にやってくる人たちについて意見を持つ権利はあるわけですから。

だから、外国人嫌いというのは良い言葉ではないでしょう。むしろEU離脱をめぐって、英国でも民族とか国民という問題が優先課題になったと言うほうがいいかもしれません。

ただ、それに続いてほかの問題もかかわってきました。その中の一つで、おもしろいと感じながら、まだうまく理解できないことがあります。ロシアの問題です。アングロサクソンの世界が変容する中で、どういうわけかロシアが中心的なテーマの一つに浮上しているのです。

米国の選挙戦でも、ロシア問題が登場しました。突然、トランプ氏が、ほかの人たちよりロシア嫌いではないと言い出しました。彼が、ロシアとプーチン大統領についてふつうの国であり、ふつうの人であるように語り始めました。

欧州では反ロシア、ロシア嫌いでいつもとんがっていた英国でさえ、ボリス・ジョンソン氏が外相に就任したとたんに、「ロシアとの関係を正常化しなければ」と言ったのです。

まだ、なぜかよく分からないのですが、ロシアがアングロサクソン社会の無意識の中で、特別な場所を占めているのです。

——一体なにを表しているのでしょうか。

何十年にもわたる共産主義の興隆と、それとの対決という事実が、英国と米国の社会の構成になにか影響を持っていたのでしょう。

ロシアが一種の平等化への圧力として働いてきたのかもしれません。1990年まで、一方に英米があり、他方にロシア（ソ連）があった。そして、その二つの間に欧州や日本があった。おおざっぱに言って、そんな構造でした。日欧は、ロシア問題が社会の構成要素にはなっていなかった。

しかし米国では、たとえば1964年の公民権法制定に向けた闘争の中で、指導層は平等という点でロシアへの対抗意識を強く持って、黒人の解放に突き進んだのではないでしょうか。というのも、黒人の人たちを隔離し冷遇したままでは自由で民主的な世界のリーダーになるのは不可能だったのですから。

アングロサクソンでさえも平等を？

――あなたの説では、アングロサクソンの家族構造は、個人主義的で、人々の間の不平等についてそんなに敏感ではない価値観を持つとされています。しかし、今日、そうした社会でさえ人々がより平等な関係を望む。どうしてなのでしょうか。

そこが問題です。優れた質問とは、インタビューされる側に「私には分からない」と言わせる質問です。で、今のはそういう質問です。私には分からない！

それにしても、たぶん米国人と英国人はちょっと分けて考えないといけない。

英国社会は平等ではありません。階級の違いがある。話す言葉の発音も違う。私は、大衆の話す英語があまりよく分かりません。それに、グローバル化にともなって経済的な不平等が拡大していた時期、英国では社会的人種差別が広がっていきました。教養があまりない大衆を「chav」なんていう言葉で差別していたこともその例です。米国やフランスでの似た事例よりもずっと激しかった。

米国はちょっと違います。そこには平等についての伝統がある。米国では何が起きたのかをよく考えるのですが、あの国では「平等ではない」「劣っている」「違っている」といった考え方は、インディアンと黒人に対して向けられていました。そして実際のところ、米国の民主主義というのは、白人同士の民主主義として始まったのです。それで、米国人たちは、自分たちの社会は平等だと感じることができていた。家族関係から見ると、米国では兄弟は平等ではなく、平等主義は不在であるにもかかわらず、です。

ですから、そこに問題があります。黒人の解放は、米国の民主主義を混乱させていったと思うのです。なぜなら、黒人が平等になったら、白人は自分が平等だと思えなくなる。現に、黒人がより平等になる間に、白人は収入を減らし不平等だと思うようになりました。レーガン政権からの30年あまりの年月がその期間です。この年月の最後には黒人の大統領の登場につながっていくのですが、白人はかつてないほど不平等を感じるようになりました。

もっとも、ものごとはそれほど単純ではありません。社会科学の研究で分かることの一つは、黒人の解放がかなり幻想だということです。

この新自由主義的なグローバル時代の特徴の一つに、米国の刑務所が黒人の男たちでいっぱいになり、新たに建設し続けているということがあります。米国で経済的な活況を呈した分野の一つは刑務所の建設です。ある意味で、黒人たちの共同体の崩壊が起きていたのです。

はっきりしているのは、米国人たちに内在するはずの価値観は平等という点では弱く、フランス人やロシア人などとはかなり距離があるということです。それでも社会は今、苦しんでいて平等な社会を求めている。ただ、懸念されるのは、どんなふうな平等社会かということです。伝統的な、黒人を敵視することで成立する平等かもしれません。それはありうることです。


――英国人について、EU離脱からどんな結論を引き出すべきでしょうか。


私は、あの結果に驚きませんでした。私は英国人をわりとよく知っています。その国民感情の強さを知っています。人々は、自分自身について日本人と同じくらい強い確信を持っています。島国ですし。

だから、与党の中からボリス・ジョンソン氏みたいな輝かしい人物、反EUの指導者が登場したことには、あまり驚きませんでした。

驚いたのは、EU離脱をめぐる国民投票内容についての社会的文化的構造のほうです。

それは、大衆の声と文化的なエリートたちの声の対決という構造になっていました。つまり、離脱に投票したのはふつうの人たちです。大学教育は受けておらず、イングランド北部、南部、中部の大衆的な地域に暮らす人々。これに対して、左翼に限らず、高等教育を受け、高級紙の「ガーディアン」を読み、親EUの人たち。この人たちは、離脱という結果に慄然としていました。その嘆きのほどと言ったら！　私の長男は英国で暮らし、英国民になっていますが、彼によると、国民投票のあと、大学人たちは激しい憤りぶりだったそうです。

私が驚くのは、大衆層がエリートたちに刃向かうことができたという点です。だって、それはちょっとフランス的だからです。

フランスでは、大衆がエリートに刃向かうのは、まあ伝統みたいなものです。日常茶飯です。しかし英国では、エリートに対して社会的に敬意を払うという伝統があります。つまり、目上の人の優位性を受け入れるという習慣です。

私がケンブリッジ大学の学生だったとき、びっくりしたことがありました。20歳の若造だった私に、高齢の家政婦さんが「サー」と呼びかけたのです。フランス人の私にしてみれば、敬意を払うべきは、より年配の人に対してです。彼女が私に「サー」と言うのではなく、私のほうが彼女に「マダム」と言わなければならないのです。

まあ、それが習慣なのでしょうが、ケンブリッジの学生というのは若き紳士なのです。だから敬意を払う。

――そんな人たちが、エリートに反発した。

それほど東欧諸国から英国への移民が重大な問題になっていたということです。それは英国の大衆層にとって暮らしている場所の治安の問題なのです。死活問題だから、社会的な敬意というものを超えてしまったのでしょう。

人々の価値観についての人類学的な解釈にも限界があります。不平等に寛容な英国でも19世紀末には、労働者たちは労組と労働党へと組織されていきました。そして政治制度が変化しました。エリートへの社会的敬意にも限界があるのです。

英国で見られたことは、エリートへの敬意が保たれるのは、指導層がある程度の国民の安全をきちんと示しているときに限られるということです。これはグローバル化への批判の重要な点です。

もし指導層が、人々に国内での最低限の安全をもたらさないまま、自分はどこまでも人々を引っ張っていけると想像しているとしたら、それは完全な幻想です。注意しなければなりません。英国の人たちでさえ反乱を起こしたのですから。

――不平等に一番寛容なはずの人々でも堪忍袋の緒を切らすことがあるのですね。

そういうことなのです。限界があるのです。私は、研究の核心部分にアングロサクソンの世界を置いています。最近私は、フランスの知識人としてはかなり思い切った跳躍をしました。それは知的誠実さに基づいたことだと思うのですが、フランスの知識人としては、自殺行為かもしれません。

それは、17世紀以来、近代を形づくってきたのは、アングロサクソンの世界だという認識です。フランスでは、たぶん他の国でも、学校ではたいていこういうふうに教わります。英国は産業革命で近代的経済を発明した。そしてフランスは、自由、平等の概念とともにフランス革命で近代的政治を発明した、と。

しかし、歴史の流れを見てみると、とくに１７８９年のフランス革命を見てみると、フランス人たちは英国の政治制度に追いつこうとしていたことが分かります。英国は、１６４０年前後（清教徒革命）と１６８８年（名誉革命）の二つの革命を通して、選挙をともなう君主制を確立しました。だから近代的な政治は、17世紀の英国に始まるのです。

それから産業革命があり、共和国という概念ができ、米国の独立宣言がある。フランスの人権宣言はその後に続くのです。英国での革命による衝撃への反応として見るべきです。フランス革命は、いわば最初の反応だったのです。追いつき追い越そうとする最初の試みです。

というわけで、フランスの知識人としては、とてもつらいのですが、世界史の中でのフランスの中心的な位置づけをあきらめなければなりません。

だから、英米の世界の困難、ためらい、変化を把握し理解しなければならないのです。

欧州の中で反英国になってもいけないし、世界の中で反米になってもいけないのです。米国の失敗は喜んではいけないのです。それは我々すべてにとっていいことではないからです。

エリートはさまよう

――エリートの問題についてうかがいたい。エリートというのは近代社会では、共同体の公益をになう人という位置づけだったのでは。つまり、自分の属する共同体、とりわけ近代では国民の共同体のために働く人。しかし、時が経つにつれ、エリートは自分自身の共同体とは離れていき、共同体とは自立して行動するようになったのではないでしょうか。

その通り。そして、それはグローバル化に託された夢でした。すでに米国で歴史学者のクリストファー・ラッシュが「エリートの反逆」と呼んでいたものです。つまり、エリートは急に、自分たちの人々に責任を感じなくなった。そして、いわば帝国的な視野に立つようになった。

それは、エリートたちにとって夢なのです。

ところで、この夢の背後には、こんな考えがある。エリートはどこでもだいたい同じでありうる。エリートはいっしょだ。エリートというカテゴリーがあるのだ。米国人だろうと、英国人だろうと、フランス人だろうと、ドイツ人だろうと、日本人だろうと、ロシア人や中国人であっても、エリートは同じ！　たぶん、米国人の間には、「だれもが英語を話し出した。英語がこのエリートたちの言語なのだ」といった考え方があるでしょう。

だけど、それは私に言わせれば間違った認識だ。

話しておきたいことがあります。それは私にとって一種の啓示でした。日本の友人と東北を訪れたときのことです。東日本大震災の津波でひどい被害に遭ったところでした。ふつう、私は日本に来ると、タクシーの運転手さんたちを除けば、エリートたちばかりと会っていました。

けれども東北では、避難民や労働者、漁師、地方公務員といった人たちと会った。その人たちは、きわめて親切で好意的でした。

そのとき、一種の啓示を得たのです。

福島第一原発から25キロにある南相馬、住民の半分くらいがいなくなってしまった町の中の理容店の夫婦に話を聞いていました。その途中で、主人がなにかをうまく言い表せない場面がありました。そしたら、奥さんが話し始めたのです。私はなんだか、フランス人の田舎の夫婦と向き合っているような気がしました。それで、その奥さんにあなたは南仏のフランス人のおかみさんを連想させるところがある、と伝えました。

突然でしたが、こういうことがはっきりしたのではないかと思いました。つまり、男と女の関係は、エリートたちよりも大衆の中のほうがずっと平等だ、ということです。そして、ある疑念が生じました。単純化してはいけないと思いますが、こう考えたのです。「世界のどんな国でも、エリートというのは似ている、という物語は、実はお笑い草なのではないか。最もその文化の特徴的な要素が一番染みついているのは、社会構造の中で上位にいる人たち、つまりエリートたちだ」。

かくして、フランスのエリートたちは、フランスの大多数の人たちよりフランス的であり、ドイツのエリートも同様。英国でも、米国でも。世界のエリートたちに共通点はある。教育レベルは高いし、外国語で意思の疎通もできる。けれども、それは目くらましだと思うのです。

私が一番よく判断できるのはフランスのエリートです。彼らは、グローバル化について普遍主義的な考えを最も強く主張しています。彼らは、他のだれよりも、欧州は存在しなければならない、様々な人民というのは存在しない、などと言いつのります。けれども、諸国民の違いをなくしてしまうというヒステリックな考え方こそが、フランスのエリートがフランス文化の戯画であることを示しています。普遍的な人間という視点からものを考えるのは典型的にフランス的です。そして彼らは、その極端にまで行ってしまう。

けれども、彼らが「普遍的人間」なんて叫んでいる、そのこと自体が、彼ら自身こそ典型的フランス人の戯画であることを示しているのです。

そして、彼らは世界についても知らないのです。世界を知っていれば、こう言うでしょう。そう、人間は普遍的だ、けれども社会は違っている、文化的な違いもある、と。ドイツのエリートたちは、ドイツのエリートとして振る舞う。たとえば企業はお互いに競争するでしょうが、外国企業に対しては連帯する。ちょうど日本の企業みたいに。企業はエリートたちによって運営されているのですから。

EUはどうなるのか

――そのエリートたちが進めてきた欧州統合という考えについて、あなたは懐疑的ですが、日本ではどちらかというとポジティブな見方が強い。欧州統合の将来をどう考えますか。

日本人のそういう考えはよく分かります。しかし、アイデンティティーの危機、国民の共同体に帰属しているという感覚の危機、あるいはエリートと大衆の乖離、不平等の拡大によって、国民の危機が生じているということをよく見ないといけません。実際のところ、アイデンティティーの欠如というのは欧州レベルではもっと大きいのです。

確かにフランスで社会への帰属意識は低下しています。けれどもフランス人たちが欧州に帰属しているという感覚はもっと弱い。欧州は、国民国家が消滅することへの治療法を生み出していません。むしろ、それを重症化させています。

――欧州統合は経済面では進んだけれど、共同体の構築には失敗しているのでしょうか。

重要なのは、まず起きていることを見ることです。その後でものごとの論理を考えます。で、実際のところ、フランス人たちは徐々に自分は欧州人だと感じなくなりつつあるのです。ドイツ人たちは、よりドイツのことに集中するようになっています。イタリア人たちは、国民意識は弱いのですが、地域への帰属意識を強くしています。

今、人々は虚偽の中に暮らしているようになっているのです。欧州の理念が虚偽になってしまったのですから。それは、言葉の最も強い意味でイデオロギーになってしまいました。現実とはまったく逆のことを描いているイデオロギーに、です。ある意味、集団で共有している虚偽です。そしてもちろん、その集団の虚偽の内部では、現実、つまり人々の衝動が野放しです。ギリシャ人がドイツ人を嫌悪する。そして、エリートを含むイタリア人たちがドイツへの敵対心を募らせています。

フランスはドイツ嫌いではありませんが。英国人は去ってしまいました。夢だとか、好みだとかはさておき、欧州の現実ということになると、それは、欧州が解体しつつあるということになるのです。欧州にはローマ条約以来建設の時代が続きました。しかし今は解体の時期です。もうどんな共通の感覚もないのです。

最後の神話が粉砕されたのは、移民危機が起きたときからです。しばらく前から、ドイツが一人でいろいろなことを決めてきました。原子力から抜け出し、ロシアに対しての東欧政策を決め、だれの言うことにも耳を傾けなくなった。

しかし、移民の危機まではフランスやイタリアのエリートたちの間に、ドイツに対する一定の敬意はありました。

なんといっても規律正しい国ですから。ドイツというのは人々が従う国です。左右の連立政権ができて、10年にわたって賃上げの凍結を受け入れる国です。それが秩序というもので、あらゆる指導者たちの夢です。だからドイツの指導者であるということはすばらしいことに違いありません。フランスの指導者であるということは、恐ろしいことです。だれも従わないのですから。

で、ドイツは財政規律に厳しい、まじめなモデルとされてきました。

それが、移民の一件から一転しました。アンゲラ・メルケル首相がシリアやイラク、アフガニスタンの移民を大量に受け入れようと呼びかけたときから、ドイツは混乱のイメージを持つようになりました。混乱をもたらす国です。

だから、移民をめぐる危機は、ただ英国だけでなく、様々な様相で欧州解体の最終局面をもたらしつつあるのです。

そして、このことについてもエリートは何もできていない。私は今の政治体制を否定する者ではありません。つねにエリート批判をしてきましたが、ポピュリストではまったくありません。民主主義は、エリートなしでは機能しないと思っています。ただ、民主主義国は責任感のあるエリートを必要としているのです。

エリートについては、イデオロギーや宗教、帰属意識の解体という文脈の中で考えなければなりません。エリートは彼らが望むことをするための大きな自由を手にしています。米国の上下院議員、フランスの議員、英国の議員たちが、有権者たちの望みを考慮することなく、どれほど好き勝手ができたか、信じられないほどです。

たとえば経済問題について問うてみると、だいたい彼らは福祉国家を支持しています。ゆきすぎた不平等は望まない。アングロサクソンの国々でもそうです。理にかなっています。

しかし、好き勝手をする。直近の例はフランスです。オランド大統領は左派のプログラムで選ばれた。それが労組を壊し、労働法制を壊しました。みんな分かったのです。社会党は右派の党だ、ということが。

しかしそこには、人々が絶対に妥協できない限界があります。国の領土という自分たちが暮らしている空間の中での最低限の安全。だから、移民についての危機が最終局面を開くに至っているのだと思います。

移民への正しい向き合い方は

――あなたは、反移民という立場ではないと思いますが……。

反移民ではありません。

――では移民についてはどうすればいいと考えますか。

昨年、私には恐るべき事態が降りかかりました。私は『シャルリとは誰か？』（邦訳文春新書）を書きました。日本語にも翻訳されましたが、フランスのイスラム教徒たちを擁護するためでした。私は、マグレブ（モロッコ、アルジェリア、チュニジアなどアフリカ北西部のイスラム圏）出身のフランス人たちを守るために、指導者層や中間層を批判しました。だから、私が移民を嫌っているとは言いがたいでしょう。

その本が原因となって、私はまるで犬のように扱われ、友人の半分を失う羽目になりました。私は使命を果たしただけです。しかし、それは愉快なことではありませんでした。

ただ、そのことで今の私には有利な点があるとも言えます。移民問題で私の心に不純な点がないことを示したのですから、はばかることなくバランスのとれた理性的な視点から移民問題を論じることができるのです。だから、先ほどのように人々の自分たちの領土の中での安全への権利についても語ったのです。

私の態度はこうです。ある程度の移民は望ましい。移民は社会に活力を与えるし、人口問題の解決に貢献することもある。しかし、その量、あるいはその移民たちが、受け入れる社会の人類学的構造面にもたらす意味。そうしたことを考えておかなければいけません。理性的でなければならないのです。

さらに付け加えるならば、問題は移民を受け入れるすべての社会で同じではありません。フランスにとって、ドイツにとって、日本にとって、問題は同じではないのです。たとえば、フランスは文化的な違いに敏感です。肌の色という問題にはほとんど関心が向きません。

パリ地域に住んでみるとアフリカ系の移民が多いのですが、マグレブ系だけでなく、次第に黒人が増えています。とてもおもしろいのは、米国では黒人への人種的なこだわりが強いのはご存じの通りですが、そうした面がフランスではほとんど関心をひかないということです。フランスは人種差別的な国になりつつありますが、しかし、フランスはイスラム教徒ということへのこだわりが強い。

フランスでは、エリートが集団でおかしな状態にあります。ブルキニ問題はご存じでしょう。イスラム教徒の女性が着用する水着を禁止しようとする動きのことです。体の線が分かりにくく工夫されているのが、宗教を誇示するというのです。

人種差別問題を抱える米国への旅行から帰ってみると、自分の国では、だれもかれもが水着の問題に狂ったようになっている。これはこれで、混じりっけなしの人種差別です。しかし、それは黒人だからというのではない。たとえば、海外領土の黒人のフランスの警察の中での割合は、国全体での割合よりも高くなっています。

――人種差別はつねにその対象が選択的でもあります。

そう。最近はあまり言われませんが、10年、20年前には、フランス人は自分の国は移民大国だと思っていました。しかし、それは本当ではありません。

欧州で最も移民大国であるのは、一般に思われていることとは逆にずいぶん前からドイツなのです。ドイツは人々を同化する大きな力のある国です。

米国モデルの変形の一つです。移民の大半を同化していきます。ただしあるグループに狙いをつけてのけ者にする。そうすることで、不平等をそこに固定化するのです。ドイツの場合、それはトルコ人たちのグループです。それに対して、ユーゴスラビア人とかポーランド人とかロシア人は同化していきました。

そういう文脈で考えると、私はドイツによるシリアやイラクからのおびただしい移民の受け入れはうまくいかないと思うのです。そういう人たちは、文化的な違いもあるのでトルコ人たちと同じカテゴリーに入ってしまうからです。

移民問題に対しては一般的な解というのはありません。とにかくイデオロギーからは離れないといけない。

私は、イデオロギーというのは人間の原始的な精神の形の焼き直しだと思うのです。

原始的な共同体の価値観は、二元的な構造を持っていました。私たちと彼ら、白と黒、という具合に。しかし移民問題は、賛成か反対かではないのです。一定程度の移民は必要だけれども、それを賢く管理、運営することも必要だからです。多すぎてはいけないし、だれでも、どんなふうなやり方でも、というのはいけないのです。

国民国家と民主主義はまだ有効か

――あなたは、民主主義は国民国家の枠組みの中でしかうまくいかない、と指摘していますね。そういう点からも、米国や英国はその国民国家の枠に戻ろうとしているのでしょうか。

そうであってほしい、と思います。

――しかし、グローバル化とともに私たちが直面する問題もどんどんグローバル化していきます。国民国家は、そうしたグローバル化した問題に国《ナショナル》ごとの解決しかもたらせないのではないでしょうか。

それは違います。それは誤った論理です。国民国家はナショナルな解決しかもたらせないと言うとき、忘れていることがあります。

国民国家は交渉しながら共通の目的を持つこともできるということです。たとえば、欧州がまだ仏独を中心にした国民国家の集まりだった頃、それは欧州にとって偉大な共同プロジェクトの時代でもありました。航空機のエアバスや人工衛星打ち上げ用ロケットのアリアンの開発などが実現しました。それによって、欧州はグローバル化の時代に重要な地域であることができた。それは国民国家の共同協力によるのです。

ところが、欧州が国家間の交渉や決定のプロセスを飛び越えようとしたときから、なんの決定もできなくなった。もう共同のプロジェクトなんてありません。

欧州の現実は、ドイツ経済が支配力を持つようになり、欧州東部をその中に組織していったということにあります。ドイツがものごとを決める力は、もちろんその経済力から来るのですが、それだけではありません。ドイツ人は人類学的な理由、家族のつながり方という点から、国民について民族を基本にしたような概念を持っています。ドイツの集団的な連帯の概念が民族というものを土台にしているのです。

しかし、ドイツはこれから移民、難民の問題を解決するのに30年かかるでしょう。国内で、人口動態などの意味でバランスを保ち安定を確保するという課題を抱えることになるのです。

私は、英国人たちはEU離脱問題でとても洗練された対応をしていると思います。彼らは急いではいませんが、それは英国の危機がもたらしたものではないからです。英国にも課題はあります。貿易赤字は大きい。けれども、ダイナミックな社会です。失業率はそこそこに収まっているし、人口の顕著な伸びも期待できます。長期的な流れを見ている歴史家として言うならば、英国は欧州の危機から身をかわすためにEU離脱に投票したのです。

離脱交渉での英国人たちの武器の一つは時間です。時間が経てば経つほど、欧州の側では英国にかまっている余裕がなくなります。だって、いずれドイツが移民による劇的な国内問題に直面することになるからです。フランスは麻痺したままですしね。

オランド大統領は英国には厳しい態度で臨むなんて言っていましたが、水着の問題ごときですったもんだしている政界に、英国のEU離脱問題に取り組む余裕があるのでしょうか。

だから、英国は待っていればいいのです。欧州の危機が進行すれば、離脱問題の交渉をする前に、EUは解体してしまうでしょう。

——あなたにとって、どんな欧州がより好ましいのですか。連邦型、それとも国家連合型?

私は自分の好みを打ち出すのをやめてしまいました。政治的な戦いでは、私はつねに負けてきました。私が望んだことが選ばれることはありませんでした。だから、私は好まないでいることを好むようになりました。あるいは、自分の好みはそっと秘密にしておく。

それに欧州にはなんの希望もありません。欧州には三つのチャンスがありました。しかし、第1次大戦で沈没して最初のチャンスがつぶれた。そこでドイツが敗北した後、よみがえるチャンスが再びあった。ところが第2次大戦に沈んだ。その戦後、欧州建設が三番目のチャンスとして与えられた。

私から見ると、今の欧州はこの三番目のチャンスをつかみ損ねた。財政運営をドイツに厳格に管理されるという狂った次元に行ってしまった。別にドイツが欧州の良きリーダーになってもかまわないのです。フランスがその後についていくことになってもかまわないのです。しかし、ドイツは欧州を管理することができない。あまりに自己中心的なのです。ドイツは帝国の建設には才能がない。

実に興味深いのは、米国が十分に安定していることです。

そして、何が好ましいかと問われるのなら、私としては巨大な国家の傍らにいるのがいいのではないかと思います。国家はどこでも同じ規模のように語りがちですが、たとえばフランスは巨大国家ではありません。巨大国家というのは、米国とロシアと中国です。グローバル時代の小さな国についての議論は、これらの巨大国家には当てはまりません。

ロシアは人口で言うと日本とそんなに差がありませんが、その領土の規模は巨大です。

私は、中国は重大な危機に向かうのではないかと思います。十分に発展していないからです。

だから、私の唯一の希望としては、米国とロシアが友好国同士になり、世界の安定のためのパートナーになることです。

欧州では、すべてがブロックされています。ドイツ人は他のだれの言うことも聞かない。フランス人はもう考えようとしない。英国人は逃げてしまう。

君がここに来る前に、ちょっと人口動態の数字を調べていました。君がもう、欧州のことを、さも重要なことであるかのように考えるのをやめさせるためです。

国連の人口動態の予測によると、2050年、欧州連合は英国を含まなければ人口は4億4千万です。このうち7500万がドイツ人、7000万がフランス人。欧州の人たちは同じ言葉を話さず、お互いに理解し合えません。これに対して、アングロサクソンの世界を測ってみました。お互いに同じ言葉で理解し合い、同じような生活様式（つまり、とても個人主義的であまり平等主義的ではない）を持つ人たちの住む世界です。米国と英国、それにカナダ、オーストラリア、ニュージーランド。危機に陥り、分断された欧州の人口が4億4千万なのに対して、アングロサクソンの世界は5億4500万になります。米国だけで、3億8800万です。

つまり人口の重みからだけでも、欧州はそれほど重要ではなくなります。欧州は忘れられるでしょう。

教育が民主主義の難題になる?

――民主主義の問題に戻りたいと思います。

民主主義の危機は、経済的な問題の帰結ではないと思います。それが『経済幻想』(邦訳　藤原書店)という著書で書いたことです。結論は、国民の社会、民主主義がぼろぼろと崩れる根源に教育の広がりがあるということです。

私にとって、民主主義とは、まず普遍的な識字運動であり、だれもが読み書きできるようになることでした。そして高等教育を受けるのはごく少数。で、この人たちが社会でエリートになろうとすれば、人々と話をすることができなければならない。

第2次大戦後、その高等教育を受ける人が急速に増えました。若い世代の中で、30%、40%、50%といった人たちが高等教育を受けるようになりました。実際のところ、先進諸国は文化的な意味で爆発的な変化を遂げたのです。

この高等教育を受けた人たちは、自分たちだけで、そうではない人たちとのつながりなしで存在できます。この教育における階層化はこのまま安定して続きそうなのです。米国ではすでにこの安定化の段階に到達しています。あまり動きません。

そこに、不平等だという感覚の高まりの理由があります。一方で、だれもが読み書きできるようになっています。あたかも先進諸国の社会の内部に、民主主義を可能にする要素とそれを破壊する要素が同時に存在するのです。それが高等教育の広がりなのです。それによって、社会の中に一種の緊張状態が生じているのです。

この文脈では二つの出口が考えられます。

今は高等教育を受けた人の中でも多くの人がグローバル化の影響に苦しんでいます。

高等教育を受けながら経済的にはみじめな人生を送ることになるだろうと気づいている人がいます。彼らは米国だとサンダース氏の支持をしていた人たちです。

だとすると、ポジティブな出口は、高等教育を受けた人たちが、そうではない人たちと共通しているところがあるのだという理解にたどり着くことです。高等教育を受けた人たちが、自分の国の人々のことをほったらかして、この惑星全体をながめようとしたり、自分たちが世界中のすべての人と連帯しているのだと考えたりするのをやめることです。そうすれば、民主主義は地に足のついた、適切なものとなるでしょう。責任のある、理にかなった、節度ある民主主義。

そうならなかったら、想像しうるのは社会の崩壊、無秩序のモデルだけです。それはグローバル化ではありません。無秩序への回帰であり、社会の粉砕であり、暴力の高まりです。

世界は一致に向かっていない

——あなたは近著『家族システムの起源』（石崎晴己監訳、藤原書店）では、人類の最初の家族の構造は核家族だという指摘をしています。それは、現代社会を読み解く上でどんな意味を持ちますか。

あの本は、純粋に歴史人類学の研究書です。この本の基本的な命題は、核家族というのが原始的な家族の形だということです。

あらゆる共同体的モデルの複雑な家族システム、中国タイプであれ、ロシアタイプであれ、あるいはいとこ同士の結婚を認めるもっと複雑なタイプであれ、それらは、かつて家族の形としては遅れたタイプと見られていました。しかし、私はそれに対して「ノン」と言ったわけです。

そうした形こそ、歴史を経て形作られてきたものなのです。最も自然な家族の形は核家族なのです。これは、歴史を理解する上で重要な結論をもたらします。

たとえば、中東は開発が遅れた地域で、イラクはバラバラになりつつある国ですが、それでも、そこは文字が発明された場所です。中国での文字の発明も重要な出来事ですが、中国もまた遅れている地域です。

説明するとこうなります。農業だとか、都市だとか、国家だとか、文字だとか、あらゆるものを発明したこうした国々は、家族システムについても実験を始めた。女性を抑圧したり、個人の位置づけを低くしたりすることも発明した。そうやって、こうした国々は文化的、教育的、経済的なダイナミズムも壊してしまった。

このことは日本についても、見通しを考える上でも役に立つでしょう。日本が近代化に向けて離陸したことと、中国が停滞していたことの理由、それは家族構造の進化ということで見ると、日本は明治の頃に、中国が紀元前500年くらいに到達していた地点にいたことになるという点です。日本は中国に比べると、かなり古い家族構造であることになります。

グローバル化の夢というのは、一致に向かう夢です。思想的には美しい希望です。経済のグローバル化に反対する私でも、魅せられるところはあります。この星のすべての人々が結集する……。それはすてきだと思います、本当に。

しかし、『家族システムの起源』で、すべての社会が一致に向かうという夢がどれほど非現実的かということが分かってもらえると思います。

伝統的なモデルで考えると、発展というのは、複雑だった家族構造がシンプルになっていき、個人というのが登場する、そして家族構造は、もっと個人中心になり、もっと自由になり、もっと進歩するということになります。このモデルで考えれば、中東は遅れているのであって、近代的になるために追いつけばいいということになる。女性を解放し、いとこ同士の結婚をやめればよい、と。

しかし、家族構造の歴史の力学とは、一致ではなく分岐、分散に向かう力学なのです。つまり、人類は分岐、分散していく。ホモ・サピエンスが登場した頃のほうが、世界の統一は簡単だったでしょうね。

——しかしあなたは、これまでの本で文明は接近するとも書いているではないですか。

そうです。矛盾していています。しかし、接近するとはいっても、同じ場所にたどり着くという意味ではないのです。

私はこれまで、それは崩壊するだろうとか、米国は弱まるだろうとか、アラブ世界は過渡期にあって動揺するだろうとか、言ってきました。で、ここまでくると、やれやれこれは相当やっかいなことになってきたと思うのです。

今はなにかを予測しようということにそんなに心を砕きません。むしろ今起きている重要なことに敏感でありたいと思うのです。それを察知すること、それだけで大きな仕事です。

（2016年8月30日、パリ市内の自宅で）

Ⅱ 暴力・分断・ニヒリズム

広がる国家解体のプロセス

——たくさんうかがいたいことがあります。あなたの『シャルリとは誰か？』はフランスで論争を巻き起こしたようですね。テロの後、あなたはメールで、「悲劇的なことは、同時に知的には興味をひかれることでもある。このテロは中東の伝統の危機と、先進社会の周縁部の腐食との相互作用だ」と書いていました。

まず中東についてです。15年前の9・11同時多発テロの後のインタビュー（本書182ページ）で、あなたは、サウジアラビアやパキスタンのような国は近代への移行期間、過渡期のとば口にあるのだけれど、それに苦しんでいると話していました。アルカイダは、近代化で消えようとする社会のある部分の断末魔だと指摘されましたが、「イスラム国」（IS）もその過渡期の社会の苦悩の表れだと思いますか。

ええ、もちろんそうです。移行の期間というのはつねに劇的です。欧州の場合、フランスだと数十年にわたって革命と戦争が続きました。ドイツでも宗教改革やナチズムがあり、ロシアでは共産主義革命がありました。その過程の長さで言うなら、中東のケースは驚くには当たりません。まだ数年です。犠牲者の数という点でも、イスラム国の支配による死者数は、欧州で発生した数よりまだずっと少ないのです。フランス革命やナチズム、ロシアの共産主義による犠牲者を合計したら、中東で起きていることとは比較にならない虐殺になるでしょう。

実際のところ、一般的なモデルはいささか残酷なものなのです。歴史家として長い期間について語るなら、それは残酷な結果を生み出すもので、そのモデルは変わっていません。だから今、とても厳しい危機にあるのです。

ものごとが予想されていたよりずっとうまく進んだ国もあります。テロはあったけれど、チュニジアは非常にうまくものごとが進んでいる。エジプトのクーデターは想定されたことでもあります。フランスだって革命の後、ナポレオン1世や3世が登場した。だからこれは普通のことなのです。

ただ、中東の核心部分、アラブ世界の核心部分について、つまり過渡期からの出口について、私はいささかの疑念を持っています。

アラブ世界の基本的な弱点の一つは、国家を建設する能力の弱さです。人類学者として言うと、サウジアラビアやイラク、シリアの典型的な家族は、内婚制共同体家族です。つまり、いとこ同士の結婚がある父系です。そこでは、兄弟の関係が構造の基本です。構造は水平的で、縁戚関係が国家よりも重みを持つ社会なのです。

イラクやシリアで起きたことは、もっぱら米国の介入に起因するのですが、それは生まれつつあった国家の破壊だったのです。サダム・フセインはひどい独裁者でした。アサド家もとてもひどい独裁者一家です。しかし、それは国家建設の始まりでもあったのです。そこへ、国家秩序に敵対的な新自由主義的思想を掲げた米ブッシュ政権が、国家の解体はすばらしいとばかりに中東にやってきたのです。

中東で、国家の解体ほどまずいやり方はありません。つまり今、我々が目撃しているのは「イスラム国」という国家の登場ではなく、中東に存在していたあらゆる国家の解体なのです。イラクはシーア派の地域と、多かれ少なかれＩＳに支配されているスンニ派の地域とに分断され、クルド地域政府が出現しました。シリアもスンニ派とアラウィ派などの地域に分断されました。

国家の解体のプロセスは広がっているという印象さえ持ちます。今、トルコも影響を受けているようだからです。

中東では、国家を組織する能力を備えているように見える国が二つあります。私の著書『家族システムの起源』で述べたことですが、その二つの国とはトルコとイランです。トルコはもちろんですが、イランにも国家建設の能力があります。階層化された宗教があり、秩序がある。オスマン帝国の伝統もあり、アラブ世界と比べて国家組織の能力がありります。

それは家族制度と恐らく合致するでしょう。それに識字率が向上し、出生率は低下しています。

一方、サウジでは出生率の低下がどんどん早くなっています。これは移行期間の始まりではないだろうかと思います。もっとひどい事態が起きるかもしれません。未来予測をする者として言うなら、これから起こりうるサウジの崩壊です。

数年前、中東への関心が高い仏エネルギー大手のトタルの会合で話をしたことがあります。私は出生率の急激な低下について話しました。その後、サウジでは、ある種の熱に浮かされたような状態が居座っています。シーア派への弾圧を強化し、シーア派勢力が政権を掌握したイエメンに対して軍事介入を行いました。私が感じているのは、安定やISへの効果的な戦いではなく、移行期の伝染、拡大や、中東の産油諸国での国家の広範な破壊の可能性です。

この文脈で、欧米諸国の態度はとても奇妙だと思います。たとえばシリアについて、ぞっとするような言説がなされています。ISは確かに悪魔であり、あらゆるところに出てきています。しかし、ISは広大な支配地域を持っている一方で、そこに住んでいる人口は非常に少ない。私から見れば、むしろ空っぽの領域です。ちょうどアルカイダの頃のアフガニスタンにあったような地域です。もし、欧米が本当に問題を真剣に考えるのならば、地上部隊派遣の軍事介入をすることです。できないと言いますが、できるはずです。それほどひどいのであればやります。ヒトラーに対して英国やフランスは結局戦争をしたではないですか。

イスラムの崩壊としてのIS

——空爆はしています。

空爆が何の役にも立たないことはだれでも分かっています。私はフランスのような国の非理性的で無責任な態度が非常につらい。フランスはアラブ世界から良い印象を持たれていたのですから奇妙です。フランス語はアラブ世界では重要な言語です。アルジェリアやチュニジア、モロッコ、レバノンなどで使われます。

しかし、フランス政府は態度をすっかり変え、いわばブッシュ化してしまった。まるで10年ほど前のブッシュ政権の振る舞いのような印象を受けるのです。滑稽です。だいたいフランスは米国ほどの軍事手段を持ってはいないのですから。とくにシリアで起きていることは本当に奇妙です。フランスはバシャール・アサドに対してつねに批判的な物言いをし、フランスはＩＳこそが主要な敵であるというふうには振る舞っていません。

私は研究者なので、アサド政権への蜂起が起きた地域の地図を頭に描きます。また、逆にアサド政権がコントロールしている地域の地図も考えます。そこへ家族制度についての人類学的な地図と人口分布図を重ねてみます。するとアサド政権を支持している地域は、女性の地位が高く、出生率が低下している地域だということが分かるのです。それは、欧米社会に最も近い地域ということです。

――つまり近代化が進んでいると。

ええ、近代化です。アサド政権を支持するアラウィ派は、より個人主義的で、女性にとって望ましい家族構造を持っています。私は文明の衝突論者ではないのですが、しかし、もし欧米で言われるように、欧米とイスラム圏との間で女性の地位について対立があるなどと言うのなら、ロシアのようにアサド政権を支えるべきではないでしょうか。本当に奇妙なことです。

戦争の問題が出てきた時、私はエリゼ宮（仏大統領官邸）の知り合いにショートメールを送りました。「いいか。今、目の前に反アサド政権地域の地図がある。この蜂起した地域、つまりフランスが支援しようとしている地域というのは、我々にとってよりひどい地域だ。内婚制の家族制度が最大で、女性の地位はより低い。これは愚行だ。大統領に言ってくれ」と。彼は約束してくれました。

私は自分が重要人物だとは、思っていません。伝えたのもだれもがアクセスできるデータです。結局、フランスにもアメリカにも、それは見ないという意思があるのでしょう。本当にひどいことだ。

つまるところ、中東で起きていることは、アラブ圏で国家を築いていく難しさと、新自由主義経済に起因する国家への敵対的な考え方の、相互作用の結果ではないかと思います。この点から言うとオバマ政権のイランとの接近は、最もポジティブな出来事の一つです。相当準備されたものだと思います。もしサウジが崩壊の淵にあるのだとしたら、あらゆる先進国は、イランを必要で安定的なパートナーとして見直すべきだと思います。米国のこれまでの二つの大きな同盟国のうち、サウジは暴発のリスクがあるし、トルコはクルドとの内戦に引きずり込まれているのですから。

——あなたは15年前からイラン国民のメンタリティーは近代化されていると指摘していましたね。

そうですね。奇妙なことです。シーア派とスンニ派の対立を新しい宗教戦争ととらえる見方がよく語られます。しかし、私は、これは宗教戦争ではないと思います。スンニ派とシーア派が対立しているのはその通りですが、それは、両派でともに信仰が消滅しつつあるという文脈の中でのことです。これは「脱イスラム化」が進み、人々がその代わりになるものを探している中で対立が起きているのです。

イランでは、モスクはガランとしています。中東全体が信仰の消滅という宗教的危機の現場となっている。私が現在研究していることの主題の一つですが、ISは国家ではありません。あえていうならば完全にニヒリスト国家なのです。イスラムのシンボルはあります。しかし、欧米がISを分析するのに良い方法はたぶん、イスラムの崩壊の症状として分析してみることでしょう。彼らを「イスラムの狂信者」と呼ぶのはやめる。

彼らをイスラム教徒と言うのは、ナチス党員をキリスト教徒やルター派と言うようなものです。

起きていることを理解するのに、「イスラム教徒」とか「イスラム過激派」という言葉はあまり使わないほうがいいでしょう。むしろ「ニヒリズム」という言葉が中東の現代政治を分析する上で中心的な概念になるべきではないでしょうか。ちょうど、フランスの荒れる都市郊外の問題を分析する時に使うように。

最も先進的な国々に本物の危機がある

――あなたの言う、ニヒリズムについてもう少し詳しく話して下さいませんか。

ニヒリズムとは、あらゆる価値の否定、死の美化、破壊の意思を指します。それこそISに見られることです。

ISのことは理性的に見なければなりません。あれはただの悪魔ではなく、合理的にものを考えている悪魔なのです。様々な側面を持つ国家のようでもあります。また、イラクとシリアのスンニ派地域の逆襲でもあります。ただしそれは、イラクのシーア派から迫害されたスンニ派の地域での一種の民政の安定の形なのです。

フランスで出版されたある本は、ＩＳのパラドックスを指摘しています。その一つは、ＩＳはかなり早い段階から、イラク全土を征服することをあきらめ、スンニ派地域だけを支配することを受け入れていたという点です。ということは、イスラム圏全土を征服することをすぐにあきらめていたというわけです。しかし、その同じ時に、攻撃的な振る舞いを世界全体に広げたのです。欧米のあらゆるところでテロをしなければならないと言いながら、実際にはイラクのシーア派地域を征服しないことを受け入れているのです。

――ＩＳには支配地域を拡大する意図はなかったと？

なかったのです。欧米社会は、そうしたことを理解し、研究しようという努力をしないし、そうしたいとも思っていない。

今、欧米社会はうまくいっていません。これは私の研究テーマですが、欧米社会、とくにフランスはうまくいっていません。そんなときに、ある意味で外部に悪魔がいるというのは居心地がいいのです。思想的な一種の解決策になるからです。「砂漠に野蛮人がいる。脅威である。だから空母シャルル・ドゴールを派遣する。その地域を6カ月間空爆するためだ」と、意味もないのに。そうしておけば、フランス社会の内部の危機を考えなくて済みます。

――その背後にはもう一つ別のフランス社会の解体があるということですか。

それが本当の問題なのです。

――つまり二つの解体があると。

そうです。私は今、グローバル時代の危機について人類学的な視点からの本を書いているところです。『シャルリとは誰か？』の騒ぎで中断していましたが、また再開しています。私が日本や米国に行く理由の一つは、考えを変えてみたり、先進国の現実社会に身を置いてみたりするためです。この本の軸は、もしこれから30年の間に地球上で何が起きるか予測したいのであれば、中東など途上国の問題に集中してはいけない、ということにあります。そこは遅れた地域なのです。そうではなくて、むしろ前線に立ってきた国々、つまり近代を切り開いてきた国々について考えなければなりません。それは米国であり、欧州であり、日本なのです。もし本物の危機があるとすれば、それはそうした国々にある。フランスが典型的なのですが、最も先進的な国々にはあらゆる問題がある。そしてどの国もうまくいっていません。これはまったく新しい現象です。「米国はうまくいっている」だの、「日本はすばらしい」だの、「ドイツはすごい」、「フランスは悪くない」、そんなふうに言えなくなっています。危機はそこら中にあり、しかもそれぞれ違った形を取っているのです。自由主義的な文化を持つアングロサクソンの国では、ある一定の形を取ります。日本はより共同体的な伝統があり、別の形を取ります。ドイツもそうです。フランスも独自の形を取るでしょう。

ご存じのように、イスラム教徒の家の出身で、中東にイスラム聖戦に向かう若者たちの出現という、奇妙な現象に直面しているのは、欧米社会の大部分を占める欧州なのです。見なければならないのは、あの若者たちは欧州の産物だということです。私のアルジェリア人の友人――彼はアラブ人なのですが――は、こうした若者について極めて明快にこう言います。「なんでまた、君たち欧米人は、こんな困った連中を我々のところに送り込んでくるのか」と(笑)。ジハードに行くこうした若者たちを、欧米人と見なしているのです。私が最もよく知る危機は、フランス社会の危機ですが、フランスで起きていることは実に恐るべきことです。

産業革命よりもずっと重要な移行期

――先進諸国についてのあなたの見立てには同感です。近代化されたほとんどの国に問題があります。多くの国が、信頼や連帯などの危機に苦しんでいます。共通点はどこにあると思いますか?

私は、経験主義的な伝統にのっとった歴史家、人類学者です。できあがった一般的な理論から出発することはしません。

そうした視点で先進国の多くを考察すると、四つの要素が思い浮かびます。最初に頭に浮かぶのは信仰システムの崩壊です。それは宗教的信仰、イデオロギー上の信念、あるいは未来に対する歴史的な夢かもしれません。とにかく人の行動を導くようなものです。これら、集団が共有する展望が欠落しているのです。それはアルジェリアだろうと米国だろうと日本だろうと共通していると思います。この欠落が、少なくともウルトラ自由主義のばかばかしさを象徴しています。

――宗教の代替物がないと?

ええ。その場合宗教といっても、より広い意味です。人々が信じていることで、それが各人の存在にも意味を与えます。結局、欧米を最終的に支配するようになったのは、経済的合理性ということです。それは経済的な楽観主義でもあります。人は今、利益率でものを考える世界にいるようになりました。それに反対しているわけではありません。私は反動的な老人ではありませんからね。

――それが最後の信仰ですか?

そうです。「信仰として最後のもの」と言えるでしょう。しかし、それ自体が反共同体的な信仰です。そこにいるのは経済的人間だけ。形而上学的な目的はごく限られたものしか持ち合わせない人間だけです。経済は手段の合理性をもたらします。しかし、目的の合理性ではない。経済は、何が良い生き方かを定義しません。だから限界があるのです。私たちが暮らしているのはそんな世界です。それは様々な形を取ります。以上が一つ目のことです。

二つ目のことは、高齢化です。すべての先進国で大規模な高齢化が急速に進んでいます。だれも想像しなかった規模と速度です。そこで見るべきは、それが歴史上まったく新しいことだということです。だから予測をするのが難しい。私は的中率の高い予言者のように言われますが、いまや「時代遅れの予言者」です。つまり歴史上かつてなかった新しいことがあまりにたくさん起きていて、私はそれに出し抜かれているのです。

あらゆる社会制度の中で高齢者の占める位置があまりに大きくなっていて、比較するものがないほどです。どの国にとってもそうですが、とりわけドイツと日本でそうです。まもなく年齢の中央値が45歳になろうとしていて、さらに上がりそうです。衝撃的な高齢化です。

ただそれは、米国でも英仏でも同じことです。フランス社会も老いています。フランス政治は高齢者に支配され、米国の政治制度も高齢者に支配されています。

もし、形而上学的な展望の欠落と高齢化が結びつけば、それだけでかなり不安なことになります。私は今、「無責任な高齢者」という概念について考えています。つまり、自分の研究の中でも強い関心を持っている概念の一つは、ウルトラ個人主義とも言うべきナルシシズムについてです。

歴史家のクリストファー・ラッシュは1970年代の終わりごろに米国のナルシシズムについて書いていました。そのとき彼の頭にあったのは、30代から40代の人のナルシシズムでした。

しかし60代から70代の人のナルシシズムとはどんなものでしょう。恐らくもっと不安なことでしょう。

三つ目に頭に浮かぶのは、女性の地位の向上です。それは本当の革命だけれども、教育革命と結びついています。だから3番目には、教育革命から話すべきかもしれません。つまり第1の要素は、共同体的な展望の欠如。第2に高齢化。第3に教育革命となるのです。

高等教育を受けた人の割合は、各世代で、想像を越えるほどに高くなっています。米国では35％に上り、それ以降そこにとどまっています。他の国もそこに追いついていきました。日本はもっと高い。

日本は「極東」というより「極西」なのです。欧米の一部をなします。私が「西欧」と言うとき、つねに日本を含みます。

日本は再び、教育という点で階層化された社会になっています。再び、文化的に不平等な世界になりました。私から見ると、このことで、日本での不平等が容認されていることの説明ができます。これが3番目の要素です。

4番目の要素。それはこの教育革命の中で、一つの要素として表れたことなのですが、女性が男性に追いついてきたことです。さらに、しばしば男性を凌ぐことです。つまり、女性が男性よりも高い教育を受ける社会になっているのです。だからといって、女性が支配的になっているわけではありませんが。

以上のように、4つの要素、つまり①共同体的な信仰の喪失②高齢化③社会を分断する教育レベルの向上④女性の地位の向上、これらを合わせると、私たちはまったく新しい世界にいるということになるのです。人類学的な革命と言えるでしょう。

経済危機だとか、調整だとか、経済のグローバル化だとかをメディアは驚くべきこととして語ります。先進国の人々は中国への不安を募らせていますし、今は世界が景気後退に向かいつつあるのも明らかです。しかし、それらは表面的なことに過ぎません。もっと深いことが起きているのです。

それが次の本で描きたいことなのです。私の考えでは、私たちは産業革命よりもずっと重要な移行期にいます。私たちは、それにいずれ気づくことになるのではないでしょうか。もしこの期間を生き延びることができれば、ホモサピエンスの歴史にとって、重要な瞬間にいたということになるかもしれません。ホモサピエンスの最初の重要な転換点は、新石器時代の到来です。この革命で、農業が始まり、定住化が起き、人は狩猟者であることをやめました。

そして2番目の転換点が3千年紀に入るところで始まったのです。そこで人は高齢化し、高い教育を受け、女性は男性以上に教育を受けることになる。そして、人はもはや何も信じなくなる。私たちはそんな中にいるのです。私はそれについて書こうと思います。

この背景を分かった上で、なぜ米国に時々おかしな人物が登場して無差別に発砲するのか、なぜフランスで同じようにだれにでも銃を向けるマグレブ系の若者が登場するのか、どうしてドイツが人口構成が不均衡になったからといって大量の難民を受け入れると言ったかと思うと、急に難民にヒステリックに反対することになるか――などを理解することになるのです。

私たちは、途方もなく大きな転換期のただ中にいるのです。

そんな時にフランスでは、フランソワ・オランドが大統領です。私たちは今、新石器時代以来の重要な革命が起きている世界にいるのだ、という構図を頭にいったん描いてしまったあとで、いまフランスの大統領を見ると死にたくなります。サルコジ、オランド……。多くの国で似たような感情が湧いてくるのではないでしょうか。

日本の本当の問題は人口動態

――そうですね。日本も同様です。日本では信仰の喪失があり、中国の脅威もあり、自信をなくしています。さらに高齢化、経済危機もあります。そうしたことからも人々は何か信じるものを探しているのですが、見つかりません。

日本はフランスより高齢化しています。しかしそれでも日本のエリートたちはもっとダイナミックな経済を想像するに至りました。アベノミクスの実験をしようという意思がありました。他方フランスはもっと若いのに、経済では実験をしない段階に至った。上層社会の停滞です。

中国について言えば、日本は自信をなくしているというけれど、私なら非情な歴史家として、中国の存在は日本にとってチャンスだと思うでしょうね。日本は中国に向き合って生きていかなければなりません。中国の隣で生き延びる。それが日本の目的であり、日本に存在する意味を与えます。

――多くの人が中国を脅威と受け止めていることは事実です。

中国は脅威でありチャンスなのです。ただし、日本にとっての本当の問題は人口動態でしょう。

中国は確かにリスクです。中国は不安定期に入りつつあります。私たちを待ちかまえているのは、中国の経済モデルの失敗です。また日本よりも深刻になると見られる少子高齢化問題があります。というのは中国には、まだ貧困問題などがありますから。

日本にとって安全保障問題は重大です。ただ、私はどちらかというとこう考えます。日本は、軍備や防衛、同盟への参加といった問題についての考察を、歴史問題から切り離すべきではないでしょうか。

つまり、日本は第2次世界大戦について考えることを少しやめ、江戸時代の数世紀にわたって平和であり続けた唯一の先進国だということ、日本の現実は平和だということを思い起こすべきではないでしょうか。そうした文脈において日本は米国やその同盟国、恐らくロシアも含めて安全保障を確保していくべきです。国家主義的イデオロギーの残滓と歴史の記憶が渾然となっていることは分かりますが。

私は日本人ではありませんが、日本にとっての真の問題は、こうしたことが結びついていることにあるのではないでしょうか。

日本はテクノロジーに問題があるわけではありません。最も進んだ国の一つであり、国民全体の教育レベルが高い国です。しかし教育のある女性が働きながら子どもを持つようにすることができないままです。

また移民について適切な解決策を見つけることも難しい。日本の問題は根本的に人口動態の問題なのです。しかし、それは生活の意味にかかわるものです。

著しい経済成果があるのに、人口動態で失敗している三つの国があります。それは日本とドイツ、韓国です。典型的です。もちろんこれらの国々が米国の新自由主義のルールに従順というわけではありません。この3カ国はずっと全体を大事にする共同体的な国々であって、個人主義的ではありません。しかしながら今、すべてが経済成果優先になっている印象を持ちます。最も深刻なのは韓国です。韓国が先進諸国に追いつく様は目を見張るばかりでした。しかし、そのあまり、技術の近代化の華やかな花火の中に消えてしまうのではないか、子どもを持つことを忘れてしまったのではないか、という印象さえあります。

それぞれの国に固有の問題があります。フランスは、こうした問題にはほど遠く、むしろ反対です。

フランスの中間層、それは経済面での適応をうまくやれなかった階層です。フランスは経済的にはひどい失敗を被っている。産業はドイツにしてやられた。フランス人はそれでも子どもをつくり、ビストロに行き、美術館に足を運ぶ。フランスは経済的に失敗していますが、生き続けています。

しかし、そうやって暮らせるのはフランス社会の一部です。それは中間層です。その適応能力のなさの代償となったのが、労働者階級の破壊です。そうして労働者階級は移民系の若者を包摂する能力をなくしてしまった。私から見れば、フランスは中間層にとって天国です。

世界中で中間層が苦しんでいる、彼らが解体されている、重すぎる税金を払わされていると言われています。しかし、フランスは違います。中間層は元気なものです。しかし、フランス社会の底辺がゆっくりと朽ちていき、そこからテロが生まれているのです。

不平等を受け入れてしまう日本の文化

――ご存じの通り、日本には移民は少ないけれども、非正規労働者として他国であれば移民労働者が受けるような扱いをされている人たちがたくさんいます。いわば国民を移民労働者にしています。帰る祖国さえない移民です。

興味深い指摘です。先進国の社会で広がる力学は、不平等、分断という力学です。それを阻むのは難しい。それは単に経済的な力学ではないからです。私が教育による階層化という時、それは不平等の力学は経済よりも教育の分断でより大きいという意味です。日本はフランス以上に子どもの教育にこだわりの強い国です。教育は社会での居場所を決めると考えられていますから、それは生き残りの問題です。それを考える時、人は成功する人を思い描く。しかしもちろん、社会のメカニズムは失敗する人も生み出す。周縁に追いやられる人も出てきます。しかし、それは単に経済的な問題ではないのです。文化的にも教育面でも周縁に追いやられます。つまり、移民がいなくても同じような結果にたどり着くのです。

それに日本の文化の中には、平等の問題についてアンビバレントで不安定な部分があります。一方で、戦後の普遍教育の時代の強い国民感情がある。日本はとても民主的な時代があり、その時はだれもが中間層に属していると感じていました。給与の格差は小さい。それが日本だ、人々はそう思ってきました。

しかし、人類学者として見ると、日本の文化の中には長子と末っ子を区別する家族制度があります。元々の日本の家族には不平等と階層化の価値観があるのです。それがどういうふうにまだ存続しているのかは分かりません。古い家族が消えても、家族観に基づく価値観は生き残るというのが、私の研究テーマでもあります。日本の文化の中には、人は平等ではないと言い切ってはいけないと諫める部分がある一方で、日本の歴史を見ると差別を受けてきた人々もいます。

フランス南西部にも同じようなことがありますから、日本を批判しようというのではありません。言いたいのは、日本の文化の中には民主的に働く部分もあるけれども、それは、大きな不平等を受け入れてしまう可能性も持っている文化だということです。

——自分の国を相対化するのは知識人の役割ですよ。

とはいえ、私は個人的に危機に直面しました。私はこれまでつねに十分愛国的であり、フランスについていくつもの本を書きました。つねにフランスを擁護してきました。FN（フランスの右翼政党「国民戦線」）が登場した頃、英米の記者が「普遍的人間の国なんて言いながら、極右が出てきたのはあなたの国だけだよ」なんてからかった時も、私は「それはそうだが、見てくれ、移民系とそうではない市民との結婚の率がとても高い。

いずれこの問題から抜け出せる」と答えてきました。

そこへ去年の出来事です。テロとフランス中間層の反応に、自己批判への拒否、フランスがうまくいっていないと見ることの拒否が出てきた。街頭に出たすべてのブルジョア市民は、こう言うのです。「フランスはすばらしい。我らの価値は、自由、平等、友愛ですばらしい」。ところが今は、フランスがもはや自由でも平等でも友愛的でもまったくない瞬間なのです。私は本当に失望しました。それに私の周りにはこう言う連中もいたのです。「君は本当のフランス人ではない」と。

指導層はテロを利用している

——あなたに同調するフランス人は1人もいなかったのですか？

まったくの孤独の中で『シャルリとは誰か？』を書くに至ったのです。まあ、誇張してはいけませんが、フランスなのでみんな私と話をすることはするのですが、ひどいものです。個人的な面からひどく責める人もいます。

たとえばこう言う人がいます。「違う。1月11日のデモで我々はイスラムを責めたわけではない。世俗主義の開かれたリベラルな考え方をしているだけで、我々は思いやりがある。君こそ汚いやつだ。我々のことを実際とはまったく別もののようにいう」。ところが、こういう連中が、イスラムの預言者ムハンマドをコケにするべきだといって、街頭デモに出るのです。

状況は完全に狂っています。本が出た時、私はたくさんのテレビ番組に呼ばれました。そこで私は侮辱され、話すことを遮られたのです。少々言葉が激しい私の本の序文を読み上げたりもしました。

この出来事を社会学的に考えてはいけないと言わんばかりです。それは、一種の反知性主義の態度でした。私が激しく非難されたのは次のような部分でした。「見てごらん。デモに繰り出した人たちの勢力を、最もたくさんの人がデモをした地域を。それはかつてカトリックが強かった地域であり、戦時中、ヴィシー政権を支持した地域と重なる」。対独協力や、それをしたペタン元帥などのことです。（シャルリ・エブド襲撃事件があった）1月11日の1周年のときに、いろいろな番組に招待されてもみんな断りました。

しかし、11月13日の（パリでの）テロと政府の反応で私の知識人としての立場は少し容易になりました。というのも今、国籍剥奪問題で議論が起きているからです。日本人に分かってもらうのは難しいかもしれませんが、フランスは二重国籍を認めていて、これはフランスを寛容な国にしている制度なのです。フランス人にとって、国民とは民族的な概念ではありません。フランス人であると同時に英国人だったりアルジェリア人だったりすることはすてきなことだと考えるのです。フランスで人生を送り始めた時から「フランス人です」と言うことは、別にとんでもないことではないのです。

そこへフランソワ・オランドの提案です。二重国籍のテロリストから、つまりフランス／モロッコ、フランス／アルジェリア、フランス／チュニジアという国籍を持つテロリストからはフランス国籍を剥奪するという提案です。けれどもこの国籍剥奪という考えは、教養のあるフランス人には直ちにヴィシー政権やペタン元帥のことを連想させるのです。

ですので、私は前よりは孤独でなくなりました。シャルリ・エブドの運動をすばらしいと思い、私のことを言い過ぎだと考えていた知り合いが電話してきて、こう言うのです。「君の言っていることは正しかった。これは本当の脅威だ」と。だから知的には少し楽になりました。けれども、国内の空気は違います。85%の人がこの国籍剝奪という考えを支持しているのですから。彼らは、その意味するところをよく分かっていない。だから、フランス政府が非現実の世界への逃避を声高に言い出したりするのです。

しかし、問題はフランスが若者をその経済や社会にもはや包摂できなくなっているということなのです。それはマグレブ系の若者だけの話ではありません。フランスは自分自身を改革しなければならないのです。フランスのテロの問題を解決するのは、空母シャルル・ドゴールを派遣してISのすみかを空爆することによってではないのです。問題は国内に起因しているのです。

自動小銃を手にしてカフェのテラスで人々を撃ちまくるというのは、とても簡単なことです。そんなことをするのに、ISはいりません。手助けしたベルギー人がいましたが、ＩＳよりベルギー人の方が必要なくらいでしょう。

テロの脅威への対応としての国籍剝奪の手法は、二つの理由でばかげています。まず想像してみて下さい。爆弾を体に巻いてパリのカフェのテラスで自爆テロをしようと考える者がいたとします。彼が、国籍剝奪の可能性を恐れると思いますか。ばかばかしい。

私が「イスラム系」の若者と言うとき、彼らの多くはイスラム教徒ではありません。彼らはフランス人なのです。

彼らはすでに、後ろ指をさされていると感じているし、他の人と違う、犠牲にされていると感じています。つまり二重国籍であるという事実が、彼らの社会的な立場を特殊なものにしています。そこに二重国籍者を対象に国籍剝奪の法律ができれば、テロをもっと促すようなものです。

私は、フランスの指導者たちは愚かではないかと思うときがあります。

フランスの指導層は心の底からテロが起きたことを自分たちの失敗だと思っているだろうか。ユーロの失敗、ゼロ成長、貿易赤字……。結局、フランスは指導層が失敗しているのです。彼らはユーロから思い切って出ることもしない。自分たちの失敗を正直に認めることもしない。

そこへ、どこかでテロがあると、それはいわば統治の方法になるのです。経済問題にも社会問題にも取り組めない政府にとって、テロに取り組んでいるのだと言うことはできます。

愛した世界が夜の闇に沈む

——国籍剝奪はビンラディンのケースにも見られます。彼もサウジアラビア国籍を剝奪されましたが、問題の解決には何も資することはありませんでした。

もちろんそうです。象徴でしかありません。フランスでは以下のようなことを言いたがる人がいます。「フランス社会は腐っている。特定の出身地を持つ若者がいるが、彼らがおぞましいことをする」と。確かにテロはおぞましいことです。しかし、そんなことを言う人は、それがフランス社会で生み出されていることを考えようとしません。そして、こう言うのです。「これは外から来たことだ。ＩＳから来た。これは、フランスで生まれたけれども、本当のフランス人ではない連中がやったことだ」と。恐るべきことです。問題はほかのところから来たことにしてしまうのですから。

今、フランスのテレビやラジオはとんでもない状態にあります。かつてフランスでは左派の知識人が支配的でした。しかし最近ではテレビのスタジオで「イスラムが問題なのは自明だ」などと言う連中がいるのです。彼らは、「イスラム嫌い」を言うのに「政教分離原則」を持ち出します。とても自然な語り口で。今や右翼の新聞が中道的と見なされています。

つまり、右翼の価値観がフランスの価値観になってしまっているのです。時々、「とはいえ、共和制はそういうものではない」と言う左派的な人物もいます。確かにテレビのなかには、良質な番組もありますが、しかし……。

——日本も同じようなものですよ。

ええ、日本はすばらしい社会ですが、軸は右寄りの社会ですよね。日本での議論がどんなものかを私は知りませんが、つねに右派が日本を支配しています。恐らく右派のなかの多数派と少数派の間では大いに議論があるのでしょう。そして、左派も発言はするのだけれど、だれも注目しない。または道義的なことは主張するけれど原則として話しているだけなのか。いずれにせよ、私はこんなふうに日本を見ています。間違っているかもしれません。

しかし、フランスは違います。フランスは元々、左派の傾向が強かったのだけれど、今やテレビで幅を利かせているのは、日本の自民党の右派みたいな連中です。

『シャルリとは誰か？』の中で、フランスのイスラム教徒についての章の最初に、ユダヤ人の知識人であるシュテファン・ツヴァイクを長く引用しました。彼は人種差別とは何かをうまく語っていたからです。彼が言うには、人種差別とはそれぞれに異なった人たち、たとえばベルリンやウィーンで完全にその社会に同化して暮らしているブルジョアのユダヤ人たちも、伝統に保守的な東欧のユダヤ人も、金持ちも貧乏人も、みんなユダヤ系というだけでいっしょくたに見ることだと指摘していたのです。だからみんなアウシュビッツ行きだとなる。

１９３０年代のドイツと今のフランスを同一視する気はありませんし、誇張してもいけないのですが、今のフランスはイスラム教徒について同じように話しているのです。イスラム教徒のなかにも熱心な少数派もいれば、そうではない多数派もいる。労働者もいれば中間層もいる。そういうことを見ようとしない。

今、話をしていて別のことが分かりましたよ。私の無意識が働いていたと思うのですが、ツヴァイクがとても好きです。彼はドイツ語で書きつづる偉大な作家であると同時に、完璧にフランス語と英語を話す。つまり「欧州人」だったのです。ドイツ文化を愛しながら、それが消えていくのを目撃したのです。彼はブラジルに移住して自殺します。世界がつくり出すものに、彼は何の意味も見いだせなくなったからです。彼が忍耐強く、第2次世界大戦の結末を見ていたら、と思います。

私の場合、状況はそこまで劇的ではありませんが、ツヴァイクに惹かれるのは、無意識のうちに今の自分と重ねていたからかもしれません。

私が愛したフランス、世界で最もすばらしい国だったフランスは、なにも問題はありませんでした。暮らし方の多様性という点でも、風景という点でもすばらしい。しかし私の愛する世界、私の子ども時代の世界、私はユダヤ系でブルジョア階級の出身のフランス人ですが、しかし今、そんな私が愛した世界が、夜の闇に沈んだように、別のものになってしまったように感じています。なので、ツヴァイクに自分を重ねてしまうのです。まあ、とはいえ、最後に気休めがあるとすれば、フランス人はそれほど生真面目ではないということです。つねに希望はあります。ドイツ人やオーストリア人はとても真面目ですから。

民主主義の変容と知的な危機

――あなたは著書『シャルリとは誰か？』の最後で、希望と絶望について書いていますね。フランスは多様性の中心地と再びなり得るでしょうか。

フランスが多様性を取り戻すにしても、それは私が生きている間ではないでしょう。

若かった頃、幼かった頃のフランスを再び見ることはないでしょう。私は1968年5月（パリ五月革命）を経験しました。パリの街頭に出て、走り回って、舗道の石をはがして警官に向かって投げました。下手なので他のデモ参加者の上に落ちてしまったけれど。

自分の国の国旗をずたずたにすることもできた。私はそんなすばらしい国に属していました。そんなことをしたからといって、フランス人ではない、ということにはならなかった。

若者が車に火をつけても寛大なフランス。無頓着で自信のあるフランス。今、私が見ているのは、デモ参加者が警察に喝采を送り、機動隊を抱きしめ、イスラム教徒を嫌悪するフランスです。まったく意味がありません。

あなたもご存じだと思いますが、ここパリ地域ではFNの勢力は弱く、様々な肌の色をした人がいます。多くの移民がいて、多くの混合結婚がなされています。極右勢力や人種差別勢力はずっとフランスでは勝利できないのです。しかし今は苦痛を伴う時代にいます。危険でもあります。

――もう一度、中東のことに戻りたいのですが、アラブの春の後に、フランスだって革命後、真っ当な民主主義国家になるのに約100年かかったとおっしゃっていましたね。やはり待たなければなりませんか？

中東諸国ですか？　中東の国々は民主主義建設の段階にあります。人々は文字が読めるようになっている段階です。しかし、たぶん先進諸国での民主主義が変容していけば、途上国でもその影響を免れないことは明らかです。アラブ諸国やインドの正常な民主的発展は混乱させられるでしょう。先進国がもはや民主的ではないのですから。

この段階で緊急に取り組むべきことは、虚偽からの脱却です。フランスで私が打ちのめされたのは、それでした。それこそが本当の知的な危機なのです。つまり、自分たちでお互いにうそをつく人々、自分について、自分が何をしようとしているかについてさえうそをつく社会。自分のことを依然として自由、平等、友愛のフランスだと言う社会。共和国だという社会……。結局、みんな最初は「自分たちの伝統的な価値を明確にしているのだから、いいじゃないか」と言うのです。しかし、呪文のように唱えるようになったら、それは本当に起きていることを直視することを妨げるのです。

フランスは今も存在していますが、それはあなたが話している国ではもはやないのです。だから私は「新共和国」という言葉を本で使ったのです。それは中間層に用意された用語です。私はこの本でフランスとは何かということについて突然、残酷に真実を述べたのです。

とはいえ、私は自分の人生をフランスで終わらせたいと思っています。追放されたくはありません。私は二重国籍ではないので。

（2016年1月27日）

Ⅲ　グローバル化と民主主義の危機

最初に日本の政局を2011年から少しさかのぼって振り返っておこう。2009年9月、民主党の鳩山由紀夫が総理大臣に就任した。麻生太郎総理による解散総選挙で民主党が自民・公明連立与党に圧勝。歴史的な政権交代だった。鳩山総理は「政治主導」を掲げて予算編成を公開で見直す「事業仕分け」などを試みたが、自ら招いた沖縄米軍基地問題や政治資金問題によって辞任に追い込まれ、2010年6月、菅直人にその座を譲った。しかし、菅総理は消費税増税を争点化して参院選に惨敗。尖閣諸島問題や自身を含む外国人献金問題など支持率が低迷する。

そして2011年3月11日、東日本大震災（死者・不明約1万9000人）。福島第一原発レベル7という空前の大事故が発生した。トッドは同年8月に来日して被災地を訪れている。そのときの感想を『「ドイツ帝国」が世界を破滅させる――日本人への警告』（文春新書、2015）の中で、こう述べている。

「日本人の伝統的社会文化の中心を成すさまざまなグループ――共同体、会社など――の間の水平の連帯関係が、事態に対応できなくなった政治制度に代わって、地域の再建・復興を支えていた」

次の野田佳彦総理は民主党内をまとめきれず多数の離党者が出た。野田総理は

２０１２年12月に議員定数削減法案などをめぐって衆議院を解散。再び自公が政権与党となって、安倍晋三が２度目の総理に就任。２０１４年12月の解散総選挙を経て、安全保障法制を成立させるなど、今日の「安倍一強」に至っている。

「アベノミクス」についてトッドは、『グローバリズムが世界を滅ぼす』（文春新書、２０１４）などで、国際的に見れば円安誘導や積極的な財政出動は左派的な経済政策といえるとして肯定的に評している。一方で、ドイツの緊縮財政は国家の介入を控える右派的な政策として否定的だ。トッドによれば、この両者に共通する問題は、リーマンショック後の先進国の対応もそうだったが、国家が介入するケインズ主義的な経済政策が自国の一般大衆の給与を上げるやり方ではなく、金融機関や大企業を守り自由貿易を推進するやり方になっていることだ。それが経済格差の拡大と経済危機の恒常化にもつながっている。説明されるべきは、「米国やイギリス、ドイツ、日本、あるいはフランスといった先進社会で、なぜ投票権をもつ選挙民によって、そのような寡頭支配が容認されるのか」という根本的な問いに対する答えだという。

２０１０年代、世界では中東・北アフリカの長期独裁政権が民主化要求によって倒される「アラブの春」という歴史的な出来事があった。イスラム圏の民主化はトッドが著作の中で繰り返し予言してきたことでもある。しかし、それは今日なお続くシリア内戦などの混沌を同時にもたらした。シリア・イラクに過激派組織「イスラム国」(IS)が「建国」を宣言したのは2014年6月。2015年初めにはISの人質となっていた日本人男性2人が殺害される事件もあった。

2014年～2015年は「欧州危機」の年としても長く記憶されるだろう。ギリシャに始まった「欧州債務危機」に加えて、シリア難民を中心に100万人を超える難民・移民が一気に流入して「欧州難民危機」と呼ばれるほどの社会不安が広がった。フランスのパリでは2015年1月と11月に「ホームグロウン」(地元育ち)のイスラム過激派による大規模な銃撃テロが発生した。同年2月にはデンマークのコペンハーゲンでもカフェとユダヤ教礼拝所が銃撃される同様のテロ事件(死者2人)が起こっている。また、欧州で初めてISが関係するテロ事件が起こったのは2014年5月、ベルギー・ブリュッセルのユダヤ博物館襲撃テロ(死者4人)だった。

ウクライナでは2014年2月に親ロシアのヤヌコーヴィチ政権が崩壊して、親欧州のポロシェンコ政権が誕生したが、南部クリミアや東部ドネツィクの独立問題が激化し、ロシアの軍事介入もあって内戦状態となった。EUはドイツのメルケル首相、フランスのオランド大統領を中心にこれら諸問題の対応に追われた。

そんな緊迫した欧州情勢を受けてか、日本ではトッドの議論が再び注目を集める。日韓の学識者との対談を収めた前掲『グローバリズムが世界を滅ぼす』や、2011年〜2014年に仏メディアが行ったトッドへのインタビュー記事を編んだ同『「ドイツ帝国」が世界を破滅させる』がベストセラーとなった。同書に収録されたインタビューで、トッドは「ここ5年の間に、ドイツが経済的な、また政治的な面でヨーロッパ大陸のコントロール権を握った。その5年を経たいま、ヨーロッパはすでにロシアと潜在的戦争状態に入っている」などと述べている。

2015年1月のパリ銃撃テロ事件は、7日昼にアルジェリア系フランス人の兄弟が週刊新聞「シャルリ・エブド」を襲撃し、12人を殺害。翌8日、マリ系フランス人の男がパリ郊外で警官1人、さらに9日、ユダヤ系スーパーマーケットで4人を殺害する連続テロだった。1月11日には370万人が参加する追悼と抗議の大行進が行われたが、トッドはそれを宗教社会学的に分析し、フランスの「分断」を確認した。一方で、同年11月13日の「パリ同時多発テロ事件」（死者130人）にトッドが見たものは「混ざり気のないニヒリズム」だった。

好戦的な、いわば狂気が世界に広がりつつある

パリやコペンハーゲンの連続テロ、過激派組織「イスラム国」の暴虐と、人間の価値や文明を否定する愚行が続く。フランスを代表する知性はしかし、母国で370万人が参加した追悼と抗議の大行進をも冷ややかに眺めていた。そして「9・11」以降、何かにつかれたように好戦的になるオクシダン（欧米や日本などの西側世界）を憂える。

――フランスの週刊新聞「シャルリ・エブド」襲撃事件では、表現の自由と宗教批判、信者への配慮などが内外で論議を呼びました。

表現の自由は絶対でなければいけません。風刺の自由も絶対です。つまり、シャルリ

にはムハンマドの風刺画を載せる権利があります。そして、フランス政府にはそれを守る義務がある。だから治安を担う内務相の責任は大きい。常駐の警官が1人ではなく3人だったら、あれほどの惨事は防げたでしょう。一方で私にもだれにでも、無論イスラム教徒にも、シャルリを批判する権利がある。イスラム嫌いのくだらん新聞だと、事件の後も軽蔑し続ける権利が完全にあるのです。

――でもそれを口にしにくい状況でした。国中が「私はシャルリ」一色になりましたから。

事件後の私たちは、酔っ払いが馬鹿を言っただけで捕まり、8歳か9歳の子が（学校での「テロ称賛」発言の疑いで）警察に呼ばれる国に暮らしています。国内メディアから20件ほど取材依頼がありますが、すべて断りました。何の得にもならない、心置きなく話せる環境ではないと感じるからです。本来は大統領さえののしれる国ですし、私もそうしてきましたので、この現実は耐えがたい。人々の感情が高ぶっていては安心して自由に話せません。

――何か脅しのようなものが？

ありませんが、たとえば仲間内のおしゃべりで私がシャルリを批判する権利に触れたとします。社会的弱者が頼る宗教を風刺するのは品がないぜと。すると相手は「君は表現の自由に賛成じゃないのか、本当のフランス人じゃないな」と決めつけるわけです。上流の知識層でリベラルな人々が、あの大行進に参加した人々がです。「私はシャルリ」が「私はフランス人」と同義になっている。私はシャルリじゃない、つまり宗教上の少数派を保護し、尊重しなければと言ったとたん、本物のフランス人ではないと……。

今日の社会で表現の自由を妨げるのは、昔ながらの検閲ではありません。今風のやり方は、山ほどの言説によって真実や反対意見、隅っこで語られていることを押しつぶし、世論の主導権を握ることです。

――フランスの空気が変に？

連続テロ以来、メディアも政治家も神話の中に生きている。私たちは米国人や日本人と同様、長所も短所もある普通の国民です。なのに、我々はテロに屈せず約400万人が行進した勇敢ですばらしい国民だ、1・11（大行進）の精神だと。まるでその精神が国内問題を一気に片づけてくれるかの期待さえある。でも（移民が多い）郊外の問題は解決できないし、イスラム嫌いは広がっている。経済危機も雇用難もそのままです。神話を終わらせるのは、私の異見ではなく現実でしょう。

——移民を同化させる政策が失敗した結果とも解釈できます。

イスラム嫌いは（同化政策を採らない）英独でも広がっている。フランスの不思議は、欧州で極右が一番強いのに、異人種、異教間の結婚が多い点です。移民の子孫も家族レベルでは社会に定着しています。テロ容疑者だけがムスリムではなく、成功して家を買う人も多い。

——イスラムを名乗る過激主義の横行は、かつてあなたが否定された「文明の衝突」にも見えます。

この世界では二つの危機が重なり合っています。まずは米欧、日韓など発展の先頭を行く国々の危機です。消費社会の先に目標を定める必要があるが、うまくいっていない。消費社会はむしろ退化し、日本を含む西側諸国では若者にしわ寄せが及んでいます。それはまず、出生率の低下に表れる。ドイツや日本は人口の減少に直面し、先行きがますます不確実、不透明になっている。

もう一つの危機は、移行期にある途上国のものです。皆が読み書きできるようになり、人口増のペースが鈍り始めた社会。イスラム圏が典型ですが、かつてのフランスや日本が経験したように、そこには迷いと混乱、暴力がつきものです。たとえば教育水準でも、地球上の社会すべてが同じ時代にあるわけではない。米欧日やロシアでは若者の30~50%が高等教育を受け、自由競争が彼らの生活水準を押し下げています。他方イスラム圏の教育水準は、先進国の1900年ごろにあたります。

――発展段階が違う社会が共存しているということですね。

この二つの世界（西側とイスラム圏）はまるで違う時代に生きているのに、グローバル化により人が盛んに行き来するようになりました。両者の間にはつねに、おかしな衝突や相互作用が起きます。中でもアラブ系住民が多いフランスでの混乱は著しい。この国のムスリムは、近代化に伴う問題と同時に、現代社会の危機、たとえば学歴や若者の失業など、先進国特有の問題にも直面しています。彼らの苦境と中東の混乱を結合させて語るのはまるで幻想ですが、典型的な「衝突」の事例です。

——過激派組織「イスラム国（IS）」が日本人を殺害したことについては何を思いましたか。

恐ろしい話だが、パリの連続テロに比べると、より偶発的だと考えます。国内でテロが起きない保証はないけれど、日本は原油確保のためアラブ世界には気をつかってきました。パニックに陥ることはない。

——このような過激勢力を台頭させた責任は欧米にもあります。

はい。中東に近い欧州はイスラム社会とのしがらみが強い。（旧オスマントルコ分割時の）英仏の秘密協定や植民地支配にまでさかのぼれます。しかし、ＩＳを生んだのは米国のイラク侵攻です。「欧米」ではなく米国の責任。米国が中東の政治的均衡を壊したのです。

先ほど先進国と途上国の歴史のズレに触れましたが、西側世界の中でも時差がある。

9・11後の米国は異常であり、欧州は分別ある古い世界として、それを戒める役回りを自覚していました。仏独ロの首脳が、平和主義者として共同で会見したんです。米国よ、正気に戻れと。ところがここ2年ほど、かつて米国が感染した好戦的なウイルスに欧州もやられた感があります。印象的なのは「ロシア嫌い」です。欧州はイラク戦争時の共同歩調を解いた上、ロシアにいら立つようになった。米国の姿勢に近づきました。

――まるで冷戦期ですね。

驚いたことに、賢明で分別があると思われたカナダや豪州までが好戦的になった。スウェーデンもプーチンに厳しい。みんなロシアやアラブ世界にいら立っています。西側の熱病はまずリーダーの米国を襲い、欧州を巻き込み、好戦的な、いわば狂気が世界に広がりつつある。70年代に米知識人の著書で見た「西側ナルシシズム」の言葉を思います。米国人の基本的な個性は、自分の中に閉じこもることだという分析です。自分にしか関心のない個人が集まれば、自己偏愛的な社会ができあがる。地政学的には、自分たちこそ世界の真ん中だと考える国になる、というわけです。そんな傾向が先進国に拡散しているのです。

こちらのメディアは「国際社会が非難している」という表現を使いますが、それは米国+同盟国だけだったりする。中国やインドが抜けたら人類の半分以下かもしれない。西側世界は熱狂しやすく、自己偏愛や不寛容が膨らみ、世界全体が見えていない。大いに心配しています。

――日本は大丈夫でしょうか。

居心地は悪いでしょう。西側世界の一員なのに、米欧のように世界の中心だなんて思えないからです。日本は安全保障的に西側であり続ける必要があるが、こと中東対応では最低限の連帯を口頭で示しておけばよい。戦略的課題はまず中国です。米国、中国、ロシアとどう付き合うか。巨大な中国は不安定ですから、対米の次に重視すべきは対ロ外交だと思われます。その正しい方向性がウクライナ危機でぼやけたのは、日本にとっては痛恨事ですね。

（2015年2月19日）

「国家」が決定的な重みを持つ時代

人、モノ、カネが国境を超えて自由に行き交う「グローバル化」が言われるようになって久しい。欧州では国家を超えた共同体の枠組みすら現実化している。ところが、トッド氏は「今、復活しているのは国家だ」と指摘する。世界的なベストセラー『帝国以後』の著者の目に、日本とそれを取り巻く世界はどう映っているのか。

——日本では安倍晋三首相が、米国との同盟強化につながる集団的自衛権の行使容認を決断しました。

日本が中国の台頭に対抗するには、米国に頼るしかないということだろう。逆に米国は、自分たちの力を後ろ盾にしようとする国には軍事的な負担を求めている。米国から自立した欧州と異なり、日本はそれに応じるということだ。

——2002年に刊行された『帝国以後』で、米国の覇権の終わりと、米国からの欧州の自立を予言しました。そうなりましたか。

欧州の変質を見誤った。私は当時、米国の影響力から自立した欧州は、衰退する米国とは異なり、世界の安定を推進すると思っていた。だが、今は国際情勢の不安定要因だ。米国はむしろ相対的に安定している。

欧州はこの10年で、EUの加盟国が水平的につながる関係ではなく、経済大国ドイツが主導権を握る階層的な連合体になってしまった。統一通貨ユーロの存在が原因の一つだ。欧州危機で露見した通り、加盟国の経済力の違いが階層化を生み、さらにEU内部では他の加盟国への憎しみが募っている。

——『帝国以後』は間違っていたわけですか。

いや、米国の衰退は、私が予想していたより早く進んでいる。今の米国は、かつてのローマ帝国末期に非常に似た状況にある。ローマでは、帝国の軍事力を後ろ盾にした属領が強気の対外政策に出て、本国がその結果に翻弄されていった。私が現代の属領として念頭に置いているのは欧州だ。最近のウクライナ情勢が分かりやすい例だろう。

欧州は「欧州軍」を持たないため、米国を後ろ盾として使いつつ、外交の主導権はドイツが握っている。しかし、ドイツの対ロシア外交は、伝統的につかず離れずの関係を維持しようとするため予測しづらく、米国の思うようにならない。ウクライナ問題は米ロ冷戦の再来と言われるが、その見方は誤りだ。不安定要因としての欧州の存在こそがこの問題の本質だ。

――14年5月の欧州議会選挙では、欧州統合を強く批判するEU懐疑派が議席を伸ばしました。フランスに割り当てられた議席を最も多く獲得したのも右翼の国民戦線（FN）です。

FNへの支持が伸びたのは、彼らの主義主張が広がった結果ではなく、欧州統合への民衆の抵抗感が原因だ。失業率が10％強で国民生活が厳しい時も、フランス政府はユーロを含めた欧州統合を優先しようと訴えた。民衆は「フランスがフランスでなくなるようなこと」を政府が推進していると受け止めた。政治家と民衆の感覚が乖離していた。

――日本でも、街頭で「朝鮮人は出て行け」と叫ぶ在日韓国・朝鮮人へのヘイトスピーチなど、排外主義的な動きが生まれています。

日本の排外主義的な動きの背景は、外から見ていて分かりにくい。移民問題ならフランスにもあるが、長い間住んでいる人がなぜ今、問題になるのか。

――グローバル化によって、逆に国家や民族といったものが強く意識されているということでしょうか。

グローバル化によって、世界がアメリカ型社会に収斂されていくという見方もあったが、そうはなっていない。この10年で起きているのは、国家の復活、再浮上だ。米国、ロシア、ドイツ、中国……第2次世界大戦の頃の大国が再び台頭している。

――世界が「昔」に戻ったということですか。

違う。先進国では、少子高齢化の進行など新しい課題が生まれている。多数を占める中高年が若者にかかわる政策を多数決で決めてしまうのは、民主主義にかなっていると言えるのか。日本も直面している出生率の回復には、国家による中産階級世帯への支援が不可欠だが、こうした政策への支持をどのように取り付けるのか。再浮上した国家は、こうした課題に取り組む必要がある。

先進国はすでに消費社会の段階を終え、低成長時代に突入している。各国が直面する国内外の経済対立をどう克服するかが課題だ。グローバル化の進展は、一つの世界像への収斂ではなく、国内や国家間の対立が際立つ世界を意味する。今後も国家の時代は続いていくだろう。

（2014年7月8日）

ユーロは憎しみの製造機

——ユーロが存亡の危機にあるといわれるが。

塔から転落するようにユーロはつぶれる。1、2年は苦しい時期になるかもしれない。けれども最終的にはどこの国もユーロ消滅でよくなるだろう。2年もすればだれも語らなくなる。

——何が問題なのか。

欧州統合の初めの段階では共通関税の考え方が重視されていた。ところが自由貿易の影響でこれが時代遅れだとされた。大きな違いのある国々をまとめることが期待されていながら、そのための重要な道具立てをうまく使えず、おかしなことになった。

保護主義とは経済的に結びつく人たちが連帯しあう領域を確保すること。それがあって各国の違いは緩和される。自由貿易が土台の欧州建設など宇宙服なしで月面を歩くようなものだ。

国の大小にかかわらず平等であることが欧州の理念だったのに、自由貿易とユーロのせいで不平等や優劣が生じている。ドイツとフランスの間ですら上下関係ができてしまった。

――ユーロ崩壊は避けられないのか。

ユーロを救う唯一の道は欧州として保護主義をとることだ。欧州の境界を守ることで、国ごとの違いが緩和され、給料も上がり、内需も増やせるだろう。

――もしユーロが崩壊すれば、欧州そのものもばらばらにならないか。

欧州が消えるようなことはない。欧州の中で戦争が起きるなんてことをいう人はどうかしている。

しかし困ったことに欧州のあちこちで今、ドイツへの恨みが高まっている。覇権的な地位にあるのは、他の国々よりも効率的なためで、別にドイツの責任ではない。本当は高齢化が進み隣人たちの活力を必要としているのに嫌われ者だ。これはドイツにとっても危険なことだ。

ユーロがなくなったほうが、人々は、イタリア人はいいやつじゃないかと思うだろうし、ドイツ人はちょっと違うけどもまともな人たちだと気づくだろう。ユーロに縛られた状態のままだと、ドイツを憎むことになる。ユーロは憎しみの製造機になっている。

（2011年12月9日）

民主主義はだれを幸せにするか

政権が交代しても、首相が代わっても政治はもたつくばかり。社会が抱える問題を解決するのが政治の役目なのに、政治自体が深刻な問題になりはてている。今の時代に政治や民主主義が空回りするのは、深い理由があるのだ、というトッド氏に聞いた。

――日本の有権者は1年4カ月前に歴史的な政権交代を起こしました。しかし、社会は相変わらず閉塞感に苛まれています。政権交代は、問題解決につながらないのでしょうか。

世界の主な民主主義国で起きているのとまったく同じことが日本でも起きているのです。右と左の政権や指導者の交代なんてフランスでは常態化しているけれど、やはり政治は危機の様相を呈しています。サルコジ大統領は最も強力な大統領になると言われていたのに大したことができない。英国や米国も同じ。オバマ米大統領の無力ぶりはどうです。「黒人大統領が登場するなんて歴史的だ。何もかもが変わろうとしている」と言われて就任したのに、あまり変化をもたらしてはいません。

——各国で民主主義が機能不全に陥っているとすれば、共通の原因があるのでしょうか。

その通りです。これには二つのレベルに分けた説明が必要でしょう。まず、表層部に共通して見られるのは、世界に広がっている経済についての思想です。とくに欧米や日本など先進諸国で支配的ですが、それは自由貿易こそが問題の解決策だと考えるイデオロギーです。グローバル化が進んだ今の時代に権力を握っているのは、実際のところ政治家たちではなくて、自由貿易という経済思想なのです。

政党など政治的な仕組みがいろいろあっても違いは見かけだけ。日本でも政権は交代したけれど、支配的な思想はそのまま。だから何も変わらない。それはフランスでも英米でも同じです。

――その思想が何を引き起こしているのですか。

世界中で需要が不足し、競争が日に日に厳しくなり、不平等が広がっています。途上国に安価な労働力があると、賃金の高い先進諸国の人々は無用だとみなされる。それが社会は縮みつつあるという感覚につながっている。

――国民が切実に解決を望んでいる雇用問題などに、なぜ政治は応えられないのでしょうか。

リーマン・ショックのあと、G20などで集まった世界の政治指導者たちは、世界的に需要が不足していて、景気刺激策が必要だという点で一致しました。だが、それから各地で奇妙なことが起きました。刺激策は各種の指標を上向きにしたたし、企業の利益も伸びた。ところが雇用と賃金は増えなかった。自由貿易という文脈の中では、各国の政策は中国やインドのような新興の国々の景気を刺激するばかりだったのです。

――グローバル化の中で一国の政府の政策は空回りしていると。

ある新聞に載った漫画が面白かった。スーパーで2人が対話している。一人が「景気刺激策が必要だ」と言う。他方が「そう思うけれど、どの国の景気を?」と返す。2人の買い物カートに入っているのはメード・イン・チャイナばかり。

――自由貿易が表層とすれば、その底にある問題は何ですか。

深い精神面での変化です。ハイパー個人主義、あるいは自己愛の台頭とでも呼ぶべきものです。社会が個人というアトムに分解されていく現象です。その結果、国をはじめとする社会や共同体で人々が何かについていっしょになって行動するということが考えられなくなっている。社会や共同体を否定するような考え方です。

――個人の確立というのは、近代的な民主主義の基礎だったはずではないでしょうか。

確かに逆説的です。民主主義を発明したのは、人類学的な視点から見て個人主義的傾向の強い国、米英やフランスで、共同体のきずなが強い国々ではない。そうした社会はもっと権威主義的で、歴史的にも日本やドイツはリベラルな民主主義になじみにくかった。けれども日本では不平等の広がりはフランスなどよりゆっくり進みました。また、欧州内でも、民主主義がより病んでいるのはドイツよりフランスです。ドイツではまだ労組が機能しているし、大衆とエリートとの断絶もフランスほどはひどくない。

――民主主義を実現させた社会の基礎が今度は、民主主義をむしばみつつあるのですか。

民主主義の普及は識字率の向上と結びついています。だれもが読み書きできるようになり、文化的に同質性の高い社会が築かれるに至って、民主的な考え方も形成されていった。みんなで共有している何かがあるという感覚が育まれていきました。

ところが、高等教育の普及によってかなりの数の人々が高度な教育を受けるに至り、先進諸国はかえって文化的に平等な段階からさらに抜け出していった。つまり、新たな教育格差が別の重い意味を持つようになった。私は、教育格差の広がりと民主主義の弱体化、平等という感覚の弱体化はつながっていると思う。教育格差が早く広がっていったのは米英やフランスでした。一方、社会のきずなが強い社会、スウェーデンやドイツ、日本ではそれほど早くはなかった。

――とはいえ、日本もやはり共同体の弱体化、民主主義の危機に苦しんでいます。

日本社会を超個人主義的と見るのはおかしい。まだ個人と共同体の密接な関係が残っているでしょう。けれど日本にもほかの国と同様に不平等などグローバル化の影響は見られます。超個人主義を生み出したのは米国で、英仏も同じ方向に向かった。日本は外から来た思想に苦しんでいるのです。

――民主主義を危機から救う道はあるのでしょうか。

問題の表層部分についてなら、エリートたちがより知性を発揮して、経済についての考えを変えればなんとかなるでしょう。民主主義は人々のための統治のことであり、それが機能するにはエリートが必要です。エリートなんていらないと考えるのはポピュリストたちです。

――しかし、多くの政治家やオピニオンリーダーは自由貿易こそ諸問題の解決策と考えています。

私は半年前まではこの点には悲観的でした。しかし最近の欧州では、経済危機について考え方が変わりつつあります。自由貿易が解決を阻んでいるということが理解され始めた。まだ非常に難しいけれど、解決が不可能ではないでしょう。

――それでも、もう一つの問題、つまり、超個人主義や共同体の弱体化の問題は残ります。

それは信仰の危機のようなものです。抜け出すのは非常に難しく、精神面での革命的な変化が必要です。欧州の歴史を見ると、共同体としての信仰は、キリスト教という普遍性の高い宗教の登場とともに始まりました。それが政治思想に変化し、民主主義を可能にし、政党を作り上げる力になっていった。共同体の代表的なものは国であるけれども、国民さえ一体として行動できなくなっているのは、同じ共同体に生きているという感覚の解体があるからです。

しかし、そんな感覚が新たに築かれるには長い年月が必要。たとえば、今後数十年でみんなが信じられるようなことを人々に与える革命的な出来事は期待できそうにありません。人々は宗教も強く信じることはできなくなっています。とはいえ、共同体としての信仰の喪失の結果、人々を戦争に大動員するようなことはできなくなっている。危機に直面しても戦争になりそうにないならば、時間的な余裕はある。なにしろ1929年の大恐慌後にはナチスが台頭し、10年後には戦争になっていたけれど、今はそうはならない。

――あなたは著書の中で、政治の規模と経済の規模を一致させる必要性を説いてます。自由主義に対抗するため、欧州連合（EU）という単位の保護主義を唱え、それによって政治と経済の規模を近づける。それが民主主義が生き残る道だとしています。しかし、日本はどうすればいいでしょう。

欧州政治は、フランス革命などから生まれた古典的な民主主義とは違う、複数の国による新しいタイプの民主主義です。ただ、欧州を理想化してはいけない。私が欧州の民主主義というのは、政治指導者と市民をより和解させる仕組みという程度の話です。一体化した欧州は完全な幻想です。家族構造の専門家である私の目から見れば、伝統的な家族構造と社会や政治についての考え方の間には密接な関係がありますが、ドイツの家族構造はフランスより日本にずっと近い。つまり、独仏間には日仏間と同じくらいの違いがある。

アジア諸国が連携すれば、域外に対して保護主義を採り、域内での景気刺激策を可能にするＥＵとは別のもう一つの経済地域になれるかもしれない。もちろん、それだけでは経済と政治の空間の一致というわけにはいかないでしょう。ただ、経済問題の解決策にはなるのではないでしょうか。アジアの国々に文化的、経済的、宗教的な違いが存在するのは明らかです。とはいえ、それは欧州でも同じです。台湾、インドネシア、フィリピン……。確かに使う文字や宗教など見える部分での相違は欧州より大きい。しかし、家族構造という深いところを見ると、そんなに違わない。違いばかりを意識するのはあまりいいことではありません。

（２０１１年１月８日）

Ⅳ　アメリカ「金融帝国」の終焉

2008年秋に起こった「リーマンショック」によって、世界は空前の金融危機と深刻な同時不況に見舞われた。まさに米国ウォールストリート発の極端なマネー経済システムが自滅していく光景だった。また、欧米先進国を中心に「イスラム脅威論」が自明のことのように語られた時期でもある。同年8月には、国境地域の帰属をめぐってジョージアとロシアが戦争状態となる「南オセチア紛争」もあった。

9・11以降、世界各地でテロ事件が頻発した。2004年3月にスペインの首都マドリードで列車爆破テロ、2005年7月には英ロンドンの地下鉄で同時爆破テロで多くの犠牲者が出た。いずれもイラク戦争にあらがうアルカイダ系グループの犯行だった。インドのムンバイでも2006年に200人以上、2008年に170人以上が死亡するイスラム過激派による大規模テロがあった。

米国の国際政治学者サミュエル・P・ハンチントンは、1996年に上梓した世界的ベストセラー『文明の衝突』（集英社、1998）で、国際社会の対立はキリスト教文明対イスラム教文明といった歴史的・文化的な「断層線」で激化すると考察していた。その通りの事態が今日進行しているという議論が流布した。たとえば国連安保理が核の平和利用を守るというイランの主張を信用せず、核兵器の開発を疑って200

6年~2008年に制裁決議を繰り返したことも、米国主導とはいえ、国際社会にあらわれたイスラム脅威論の一つと言えるかもしれない。

トッドは2007年、共著『文明の接近――「イスラームvs西洋」の虚構』(藤原書店、2008)を発表。ハンチントンの議論に基づく「イスラム恐怖症」を批判した。トッドは人口学的分析をもとに、イスラム圏では着実に近代化が進行しており、その過渡期ゆえに混乱が生じていると考察した。つまり、イスラム圏と非イスラム圏の文明にはハンチントンが示したような本質的な違いはなく、その差異は、かつて非イスラム圏の人々が経験した近代化のプロセスをイスラム圏の人々がいま経験しているという、時間的なズレに過ぎないというのだ。

1929年の世界恐慌クラスといわれた米国発の世界金融危機「リーマンショック」は2008年9月に起こった。米国で前年夏、低所得者向け住宅ローンのサブプライム・ローンが破綻したことが引き金だった。大手金融機関は軒並み経営危機に瀕した。

米国の当局は不良資産買取りのために約70兆円を拠出し、大手生保AIGやシティ・グループなどにも多額の公的資金を投入したが、米国の五大投資銀行の一つリーマン・ブラザーズが公的援助を受けられずに破綻。負債約64兆円という空前の大型倒産によって、世界の金融市場はパニック状態となった。先進国・新興国を問わず株式相場が大幅に下落した。日本でも日経平均が6000円台まで急落する局面もあった。世界中に信用不安が広がり、米国では資金不足となったGM、フォード、クライスラーという三大自動車メーカーが深刻な経営危機に陥った。

米国経済は1990年代後半から大量の投資マネーの流入によって成長を続けていた。貿易収支の恒常的な大幅赤字を金融ビジネスによってカバーし、それが旺盛な消費行動にもつながった。1995年〜2006年に住宅価格や株価は約3倍も上昇し、その間の経済成長率は平均3%を超える。当然ながら世界経済も米国の金融バブルと消費バブルと連動している。そのバブルがはじけ、一気にマネーの「逆回転」が起こり、実体経済をも直撃する世界同時不況に突入した。IMF（国際通貨基金）によれば、世界の経済成長率は2008年の先進国平均が0・5%、新興国平均が6・1%。2009年はそれぞれマイナス3・2%、2・4%と大幅に下落した。

トッドは2002年刊行の『帝国以後――アメリカ・システムの崩壊』（藤原書店、2003）の中で、すでに米国発の「前代未聞の規模の証券パニック」を予言していた。「どのようにして、どの程度の早さで、ヨーロッパ、日本、その他の国の投資家たちが身ぐるみ剥がれるかは分からないが、早晩身ぐるみ剥がれるのは間違いない」と述べ、その結果が米国の「帝国」としての経済的地位に終止符を打つことになると指摘した。

2009年1月に就任したオバマ米大統領はリーマンショックへの対応に追われた。G20各国も多額の公的資金を投入したが、世界経済の低迷は続いた。

トッドは2008年秋に『デモクラシー以後――協調的「保護主義」の提唱』（藤原書店、2009）を出版した。2007年5月から大統領となったニコラ・サルコジのポピュリズム的・ナルシシズム的政治を、その伝統に反して支持するフランス社会を「無重力状態」と考察。偏狭な自由貿易主義が経済・教育格差を拡大し、民主主義の変質と空洞化を招いていると分析した。

最後に2006年~2008年の日本の政治状況を振り返っておく。2006年9月、小泉純一郎の後継として安倍晋三が総理に就任。直後の10月に北朝鮮が初の核実験を強行し、日本は独自制裁を決定した。安倍総理は体調などを理由に1年で辞任。次の福田康夫も1年ほどで職を辞し、「自民党離れ」が加速した。

今や米国は問題をもたらす存在でしかない

米国はもはや解決ではなく問題をもたらす――。私は6年前の著書『帝国以後』でそう書いたが、今やだれの目にも明らかだ。米国の腐りきった金融業界は、世界中に何の価値もない証券を売りまくった。人類史上これに匹敵するひどい詐欺があっただろうか。

今回の危機で表に出ているのは金融問題だが、背後には経済以外の要因が横たわっている。社会全体を考えずに自分のことばかり大事にする自己愛、自己陶酔の意識だ。

40年前、フランスでは5月革命が起きた。英米でも、ポップス音楽や性の解放といった側面がより強かったが、同様の運動があった。当時の大スローガンは「禁じることを禁じる（自由がすべて）」だった。

こんな考え方が経済の世界にも広がっていった結果が現状だ。経済を動かす連中が好き勝手に振る舞う。国家はもう動かない。暴力装置を独占し、社会を秩序立てて、物事を禁止したり許可したりする国家が動かない。金融や経済の危機の背後には、こうした文化の変化があると思う。

なかでも米国は元々個人主義が強い。だから自己愛的な行動が行くところまで行ってしまったのだろう。

世界経済を牛耳っているのは、米国のブッシュ大統領でも英国のブラウン首相でもないし、だれだか思い出せないが、日本の首相でもない。ウルトラリベラリズム（行き過ぎた自由主義）などに基づいた、常軌を逸した考え方自体が権力者だった。

この世界で資本主義が唯一の現実的な制度であるのは間違いない。ただ、資本主義にも善玉と悪玉がある。いい資本主義はうまく統制され、悪い資本主義は国家の関与がなく無秩序だ。

皮肉なことに、資本主義がより優れたシステムだというのは、共産主義が存在している限りでの話だ。てんびんの反対側の重しだったソ連が崩壊し、市場原理を制御していたすべてが取り払われてしまったために、世界は極めてばかげた道を歩んだ。資本主義の悪い面ばかりが残った。

米国は、すでに産業が地盤沈下し、経済の溶解が80年代に始まっていたことを、すっかり忘れていた。グローバル化が始まり、世界金融の中心に米国の金融業界がどっと入り込んだ。米国は15年も20年もの間、借金で暮らすことができた。

今回の危機は、こんな事態が現実へと着地していくことを意味する。

中国、輸出頼み続ければ崩壊する

1929年の大恐慌は、英国による世界経済の支配が崩れたことが原因の一つだった。その後にやってきた米国支配は長く続いた。米国に対して、みんな「ダイナミックで、何の問題もない」と信じていた。人々がそういう幻想を抱いている限り、経済システムも機能する。米国は神のような存在だった。

その神話が崩れつつある。米国への疑念は、3年前にハリケーン「カトリーナ」から一つの街さえ守れなかったことで浮かび上がった。グルジア問題で何もできなかったことが拍車をかけた。米国は次第に力を失っている。世界は一極でも多極でもなく、実際は無極になりつつある。人々はいつか「神は存在しない」と気づく。

中国や日本が輸出国としてやってこられたのは、ある意味で米国の過剰消費のおかげだ。米国は約8千億ドルもの貿易赤字を抱えている。米国が生産しているものといえばカネであり、腐った証券だ。にもかかわらず消費を続けるのは反道徳的だ。しかし、3億人の消費者としての米国という事実があった。そのシステムが行き詰まり、サブプライムローンという仕掛けが崩れ、米国がもはや消費を続けられなくなった時、地球全体が構造的な需要不足に陥る。

その結果、米国とともに危機の影響を最も受けるのが中国だろう。中国の経済システムは非常に脆弱な部分を抱えている。

中国の輸出総額は国内総生産（GDP）の40％に相当する規模だ。これは日本や韓国をまねた結果で、明らかに不自然だ。輸出によって13億人を養おうとしても、国際市場が回転しなくなったらどうするのか。このままでは中国は崩壊しかねない。

ただ、中国にはもっと違った道がある。経済の構造を10年から15年かけて内需志向に転換すれば、大きな改善が見込まれる。本来、平等志向の強い中国社会には、そのほうが合っている。中国は自分の畑をまず耕すべきだろう。

米国の将来について、私は悲観的だ。米経済の土台は非常にもろい。それは単に貿易収支の問題を超えている。たとえば技術者や科学者の育成で、米国は欧州やアジア各国にはるかに後れをとっている。経済を引っ張るのは弁護士でなく技術者だ。

欧州・北米・極東に保護主義圏を

欧州、日本、ロシアが危機から受ける被害は、それほど大きくないだろう。これらの国では金融経済と実体経済とのギャップが小さい。

欧州の対応策はある。保護主義的な障壁を確立し、域内貿易を優先することだ。最近まで、保護主義を唱えるのはセクハラまがいの冗談よりもいけないことのように言われてきた。しかし、それが生活を改善し消費を刺激すれば輸入を促進することにもなる。原料供給でロシアと提携すれば、非常に安定した経済の極になる。そうなれば、米国を助けるマーシャル・プランを欧州が用意することになるかもしれない。

結局のところ、三つの保護主義圏、つまり欧州圏、北米圏、極東圏によって再編された経済こそが、世界にとって有益なのだ。これまで保護主義は国単位の発想だった。そうではなくて、欧州各国が一緒になって保護主義圏をつくり、それができれば、今度はほかの経済圏との協力に移行していく。

現在の貿易を概観すると、確かにグローバル化によって世界的に流通するものもあるが、大部分は欧州内、北米内といった地域単位、大陸単位で行われている。これに基づいて、世界を欧州、北米、極東に分けるべきだ。それぞれで内需を拡大し、地域経済を立て直し、各極を基礎に置いたグローバル化を構築すべきだ。日本、中国、韓国は共通経済の可能性を探る機関を設立したほうがいい。

危機に対して各国政府が無力だったのは、ウルトラリベラリズムの発想しかなく政治が経済に対して受け身だったからだ。事態を予言する経済学者もいたが無視された。解決策は複雑ではない。だが、ほかのプロのエコノミストたちがそれを考えようとしなかったのは、考えないことで給料をもらっていたからだ。今回の危機で、そんな連中の高慢さも最初に破壊された。

（2008年10月30日）

グローバル化は単なる経済自由主義ではなく、より厄介だ

――グローバル化が進むほど、人々は民族や宗教の違いにこだわるようです。とくに9・11テロ以来、イスラム世界との「文明の衝突」への不安が消えません。あなたは逆に、近著では「各文明は接近している」と主張しています。

世界各地で起きる危機は近代化への移行に伴う現象だ。かつて私はカンボジアのクメール・ルージュ（ポル・ポト派）の登場などをそう解釈したが、今はイスラム世界がその時期を迎えている。今後10年はアフリカの危機も同じように語ることになるだろう。

――近代化とは？

何よりも識字率の向上だ。コンドルセなどの啓蒙的な思想家たちは進歩とは何よりも

教育レベルの向上だと考えていた。読み書きは単なる技術ではない。人間の精神形成に深くかかわる。ひとりで本を読めれば内省が可能になる。それは精神の構造を変える。近代的な人間の登場だ。彼らは社会の権威関係を揺さぶる。一部の者だけが権威を独占するのが難しくなり、経済的発展や政治の民主化が促される。

識字率の向上は人口面にも革命的な変化をもたらす。出生率の低下だ。それなしで社会は近代に移行することは考えにくいが、それにはとりわけ女性の識字率の向上がカギだ。ただ、どんな社会でも識字率が上昇してこの段階にさしかかると、伝統的システムと決別するための政治的危機を経験する。18世紀のフランス革命や20世紀初頭のロシア革命とその後のスターリン主義、中国の文化大革命などがそれだ。

読み書きの習得とともに、人々はあらゆる実存的な疑問に向き合い苦しみ一種の発熱状態に陥る。過渡期の危機だ。ただそのあと社会は平静を取り戻す。

――イスラム世界も同様な道をたどっていると?

そうだ。たとえばイラン。ホメイニ革命は好むと好まざるとにかかわらず、イランにとって近代化への道だった。確かにまだ選挙は完全に自由でない。しかし、国民にはつねに投票する機会がある。人々が異なった意見を持てる社会でもある。民主主義登場の兆候がそこにはある。

だいたいイランで今起きているのは宗教保守派と非宗教派の対立だ。表面では神をうんぬんしていても水面下で起きているのは政教分離の動きだ。女性の識字率が高まり出生率が2程度にまで落ちれば必ず信仰は揺さぶられる。イランに原理主義的な現象があっても宗教への懐疑が出ていることは認めなければならない。

米国はイランを脅すが、それはかえって保守派を勢いづかせる。米国が圧力をかけなければ、イランの政治制度はもっと早く自由化されるだろう。イスラム世界だけではない。中国の経済成長の加速は共産主義を清算したからではない。共産主義的経済構造が発展を阻害していたとは思うが、中国が十分な識字率にまで到達したことのほうが重要だ。インドの成長も加速したのは経済改革の前からだ。むしろ識字率の上昇と一致する。

――各文明の隔たりは大きく見えても固定化して考えるべきではないということですか。

テロやイラク戦争などで世界はイスラムをスケープゴートにしてきた。かつてソビエト的人間という概念があった。共産主義の産物でふつうには戻れなくなった人間という意味だったが、いまはイスラム的人間というジャンルを作り出している。しかしイスラム教徒は本質的に違う人間だという考えはおかしい。

文明は衝突するという考えには反対だ。世界は宗教や文化で細分化され、各文明は自らの中に閉じこもるといったようなイメージは正しくないと思う。

——近代化とは西欧化のことでしょうか。

近代化と西欧化とは違う。日本が良い例だ。近代化しながら依然として自分自身だ。たとえ西欧の国々とたくさんの共通点を持つに至ったとしてもだ。

——グローバル化とは近代化のことですか。

グローバル化と呼ばれるものは、識字化が世界に行き渡り教育レベルが一致したときに達成されるのだろう。私たちはあまりにも経済的な考え方に支配された時代に生きているので、経済自由主義の広まりをグローバル化と同一視しがちだ。しかし、歴史を動かすのはむしろ教育だと思う。

――近代化した世界では文明の違いや戦争がなくなるのですか。

近代化は文明の一致ではなく接近だ。一致する部分はあるにしてもまったく同じにはならない。日本は近代化して民主的で表現の自由もあるけれど、その民主主義は英仏のような政権交代型とは違う。

文明が接近しても戦争がなくなるわけではない。戦争は似た文明圏の間でよく起きる。完璧に文明が一致した世界でも複数の国家が存在する限り、人は殺し合いを続けるだろう。また、経済問題などをうまく解決できない各国政府が文明の衝突を言い立てる。国際的なレベルでの経済問題を各国の政府が解決できないと、政治的にスケープゴートをつくりあげるしかなくなる。国外に犯人を求める。それが今、イスラムを悪役にする動きになっている。これは文明の衝突ではなくて、本当の問題から人々の目をそらせるために文明の衝突を口実にしているに過ぎない。

（2008年3月31日）

日本に「核武装」を勧めたい

鋭く米国や中国を批判するトッド氏は、何と日本に「核武装」を勧めるのだった。刺激的な議論になったが、頭の体操だと思ってお読みいただきたい。

――いま、北朝鮮の核が深刻な問題です。

北朝鮮の無軌道さは米国の攻撃的な政策の結果でしょう。一方、中国は北朝鮮をコントロールしうる立場にいる。つまり北朝鮮の異常な体制は、米国と中国の振る舞いあってこそです。

――あなたは識字率の向上や出生率の低下から国民意識の変化を測り、ソ連の崩壊をいち早く予測しました。北朝鮮はどうでしょう。

正確な知識がないのでお答えできない。ただ、核兵器が実戦配備されるまでに崩壊するのでは……。

――でも不気味です。

核兵器は偏在こそが怖い。広島、長崎の悲劇は米国だけが核を持っていたからで、米ソ冷戦期には使われなかった。インドとパキスタンは双方が核を持った時に和平のテーブルについた。中東が不安定なのはイスラエルだけに核があるからで、東アジアも中国だけでは安定しない。日本も持てばいい。

――日本が、ですか。

イランも日本も脅威に見舞われている地域の大国であり、核武装していない点でも同じだ。一定の条件の下で日本やイランが核を持てば世界はより安定する。

――極めて刺激的な意見ですね。広島の原爆ドームを世界遺産にしたのは核廃絶への願いからです。核の拒絶は国民的なアイデンティティーで、日本に核武装の選択肢はありません。

私も日本ではまず広島を訪れた。国民感情は分かるが、世界の現実も直視すべきです。北朝鮮より大きな構造的難題は米国と中国という二つの不安定な巨大システム。著書『帝国以後』でも説明したが、米国は巨額の財政赤字を抱えて衰退しつつあるため、軍事力ですぐ戦争に訴えがちだ。それが日本の唯一の同盟国なのです。

——確かにイラク戦争は米国の問題を露呈しました。

一方の中国は賃金の頭打ちや種々の社会的格差といった緊張を抱え、「反日」ナショナリズムで国民の不満を外に向ける。そんな国が日本の貿易パートナーなのですよ。

——だから核を持てとは短絡的でしょう。

核兵器は安全のための避難所。核を持てば軍事同盟から解放され、戦争に巻き込まれる恐れはなくなる。ドゴール主義的な考えです。

——でも、核を持てば日米同盟が壊れるだけでなく、中国も警戒を強めてアジアは不安になります。

日本やドイツの家族構造やイデオロギーは平等原則になく、農民や上流階級に顕著なのは、長男による男系相続が基本ということ。兄弟間と同様に社会的な序列意識も根強い。フランスやロシア、中国、アラブ世界などとは違う。第2次大戦で日独は世界の長男になろうとして失敗し、戦後の日本は米国の弟で満足している。中国やフランスのように同列の兄弟になることにおびえがある。広島によって刻まれた国民的アイデンティティーは、平等な世界の自由さに対するおびえを隠す道具になっている。

――確かに日本は負けた相手の米国に従順でした。一方、米国に救われたフランスには米国への対抗心が強く、イラク戦争でも反対の急先鋒でした。「恩人」によく逆らえますね。

ただの反逆ではない。フランスとアングロサクソンは中世以来、競合関係にありますから。フランスが核を持つ最大の理由は、何度も侵略されてきたこと。地政学的に危うい立場を一気に解決するのが核だった。

――パリの街にはドゴールやチャーチルの像がそびえてますが、日本では東条英機らの靖国神社合祀で周辺国に激しくたたかれる。日本が戦争のトラウマを捨てたら、アジアは非常に警戒する。我々は核兵器をつくる経済力も技術もあるけれど、自制によって均衡が保たれてきた。
第2次大戦の記憶とともに何千年も生きてはいけない。欧州でもユダヤ人虐殺の贖罪意識が大きすぎるため、パレスチナ民族の窮状を放置しがちで、中東でイニシアチブをとりにくい。日本も戦争への贖罪意識が強く、技術・経済的にもリーダー国なのに世界に責任を果たせないでいる。過去を引き合いに出しての「道徳的立場」は、真に道徳的とは言いがたい。

――「非核」を売りにする戦略思考の欠如こそが問題なのです。日本で「過去にとらわれるな」と言う人たちはいまだ過去を正当化しがち。日本の核武装論者に日米同盟の堅持論者が多いのもトッドさんとは違う点です。

小泉政権で印象深かったのは「気晴らし・面白半分のナショナリズム」。靖国参拝や、どう見ても二次的な問題である島へのこだわりです。実は米国に完全に服従していることを隠す「にせナショナリズム」ですよ。

――面白い見方ですね。

日本はまず、世界とどんな関係を築いていくのか考えないと。なるほど日本が現在のイデオロギーの下で核兵器を持つのは時期尚早でしょう。中国や米国との間で大きな問題が起きてくる。だが、日本が紛争に巻き込まれないため、また米国の攻撃性から逃れるために核を持つのなら、中国の対応はいささか異なってくる。

――唯一の被爆国、しかもNPT（核不拡散条約）の優等生が核を持つと言い出せば、歯止めがなくなる。

核を保有する大国が地域に二つもあれば、地域のすべての国に「核戦争は馬鹿らしい」と思わせられる。

――EUのような枠組みがないアジアや中東ではどうでしょう。さらに拡散し、ハプニングや流出による核使用の危険性が増えます。国際テロ組織に渡ったら均衡どころではない。

核拡散が本当に怖いなら、まず米国を落ち着かせないと。日本など世界の多くの人々は米国を「好戦的な国」と考えたくない。フランス政府も昨年はイランの核疑惑を深刻に見て、米国に従うそぶりを見せた。でも米国と申し合わせたイスラエルのレバノン侵攻でまた一変しました。米国は欧州の同盟国をイランとの敵対に引き込もうとしている。欧州と同様に石油を中東に依存する日本も大変ですが、国益に反してまで米国についていきますか。

――日本のイランへの石油依存度は相当だし、歴史的な関係も深い。イラクの始末もついていないのにイランと戦争を始めたらどうなるか。イラクのときのように戦争支持とはいかないでしょう。

きょう一番のニュースだ（笑）。北朝鮮と違い、イスラム革命を抜け出たイランは日本と並んで古い非西洋文明を代表する国。民主主義とは言えないが、討論の伝統もある。選挙はずっと実施されており、多元主義も根づいている。あの大統領の狂信的なイメージは本質的な問題ではない。

――イラン・イラク戦争のとき日本は双方と対話を保ち、パイプ役で努力した。その主役は安倍首相の父、安倍晋太郎外相でした。

私は中道左派で、満足に兵役も務めなかった反軍主義者。核の狂信的愛好者ではない。

でも本当の話、核保有問題は緊急を要する。

——核均衡が成り立つのは、核を使ったらおしまいだから。人類史上で原爆投下の例は日本にしかなく、その悲惨さを伝える責務がある。仮に核を勧められても持たないという「不思議な国」が一つくらいあってもいい。

その考え方は興味深いが、核攻撃を受けた国が核を保有すれば、核についての本格論議が始まる。大きな転機となります。

——ところであなたはロシアを重視し、日ロ関係を良くすれば米国や中国への牽制になると書いてます。

私はずっとそう言ってきた。ロシアは日本の戦略的重要性を完全に理解している。国際政治において強国はつねに均衡を求める。

——でも、日ソ国交回復から50年たっても北方領土問題が片づかず、戦略的な関係を築けません。

ロシアは1905年の敗北を忘れず、日本は第2次大戦末期のソ連参戦を許していない。でも仏独は互いに殺し合ってきたのに、現在の関係はすばらしい。独ロや日米の関係もそうです。日ロもそうなれるはずだ。

――日本は北方四島を全部還せと言い、ロシアは二つならばと譲らない。では、三つで手を打ったらどうか（笑）。

――そう簡単にはいきませんが、互いに発想転換も必要ですね。ロシアは中国との国境紛争を「五分五分」の妥協で片づけました。

解決のカギは仲良くしたいという意思があるかどうかです。北仏ノルマンディー沖にも英国がフランスから分捕った島があるが、問題になっていない。地中海にあるフランスのコルシカ島は元々イタリアだったが、だれも返せとは言わない。

――日本と韓国の間にはもっと小さな島があり……。

それこそ「偽りのナショナリズム」。国益の本質とは大して関係ないでしょう。この種の紛争解決にはお互いがより高い視点に立つこと。つまり共同のプロジェクトを立ち上げる。北方領土でも何かやればいい。

——トッドさんが平和主義者だということが分かりました（笑）。

（2006年10月30日）

フランス暴動　移民国家の「平等」の証し

（2005年10～11月に）フランスで起きた暴動の背景として、まずこの国の経済政策の失敗、このため弱い部類に属する国民がより周縁に追いやられている現実、移民家庭の子どもたちがそうした層を構成していることを指摘したい。彼らに対する差別があり、雇用から排除されやすい現実も認めなければなるまい。

こうした問題の深刻さは踏まえつつも、「仏流の同化モデルは失敗した」と世界から指摘された点について、私は正反対の希望的解釈をしている。つまり「市民の平等という仏の伝統的価値観が移民の若者層にも浸透している」と。

人々が社会の周縁に追いやられることにあらがい、反乱を起こして中央の政治に態度変更を迫るやり方は、実は仏革命時代から繰り返されてきた。農民から労働者、移民の若者へと役者が移ったのだ。

移民社会の若者が「僕たちはまだ真のフランス人ではない」という時、「僕たちも仏社会の中心に等しく組み込まれて当然」という平等への強固な欲求が含意されている。彼らは多文化主義的な「違いは大切だ。だから自分たち固有の文化も認めよ」という主張はしなかった。そして、郊外の住民組織への助成増額などの政策変更を勝ち得たのだ。

北アフリカ系移民の場合、同族婚の習慣や女性の地位の低さといった伝統的価値観から同化が遅れる傾向はあるだろう。政界やメディアなど目に触れやすい分野への移民の進出が遅れているのも事実である。

だが、仏の移民社会では他人種との結婚が米英や独より際立って高い。90年代初期の統計だが、女性の混合婚率は仏のアルジェリア系は25%だが、独のトルコ系は1%、英のパキスタン系はさらに低かった。

英の移民社会は多文化主義の下で固有の価値観の枠にとどまっており、そうした環境が過激派を生みやすくしている。英やオランダには多文化主義が人種的セグレゲーション（分離）につながり、移民社会が同族社会化する可能性がある。

フランスでも郊外に移民が多いのは事実だが、エスニック（民族）ごとのコミュニティーは形成されにくく、伝統的価値観の崩壊は早い。こうした英仏の統治システムの違いは、「英国人になること」を強制しないで平和裏に脱植民地化を果たした英と、普遍的価値観を押しつけたあげく戦争を起こして植民地を去った仏との差にも現れた。

レボルト（反乱）を通じて政治的意思を実現する手法に、仏社会は無意識のうちに寛容だ。市民はいたって冷静で、ヒステリックな反応は起きなかった。警察が若者に発砲することもなかった。伝統的に個人主義的な平等意識が強い仏社会には一種の固有文化ともいえる現象なのだ。

だが、私が楽観していない理由も指摘したい。

経済政策の失敗やグローバル化、自由貿易の進展に伴い、失業の不安や賃金の削減圧力が高まっている。政治的支配層に対する大衆の不満も強まっている。

02年大統領選では、伝統的大衆層が右翼の国民戦線に投票し、ルペン党首が決選投票に残る驚くべき結果になった。欧州連合憲法を拒否した今年5月の国民投票では、グローバル化で失業と賃金削減の圧力に直接さらされている労働者層と、さらなる自由化を恐れて現状維持を望む下級公務員が反乱した。そして今度は郊外に住む移民社会の若者たちである。

問題は不満層に連帯がないことだ。グローバル化の流れから一国だけで抜け出ることはできないのに、不満層が一緒に解決策を見いだす共同作業がない。一方で、中産以上の層や政治的支配層は他の層とまったく分断されている。私は、この国で進む政治的断片化の行く末を案じている。

（2005年12月2日）

V
終わらない「対テロ」戦争

本章収録のエマニュエル・トッドへのインタビューは1998年〜2004年に行われた。「米国同時多発テロ」「アフガニスタン紛争」「イラク戦争」が起こり、今日に続く中東・イスラム世界をめぐる国際社会の深刻な混迷が始まった時期だ。トッドの著作でいえば、『帝国以後』の発表前後にあたる。トッドによれば、米国の国際社会に対する影響力の低下は、教育の停滞や所得格差の拡大、金融資本主義化による産業の衰退といった米国自身の弱体化に起因する。「米国は世界を必要としているが、もはや世界は米国を必要としなくなっている」というのだ。トッドはいまも機会あるごとに、その長期トレンドは変わらないと指摘し続けている。

米国同時多発テロ（9・11）は2001年9月11日に起こった。イスラム過激派19人（うちサウジアラビア人が15人）によって米国内を飛ぶ大型ジェット旅客機4機が乗っ取られ、ニューヨークの世界貿易センタービルやバージニア州アーリントンの国防総省（ペンタゴン）などに次々と墜落し、約3000人が死亡。

米国のブッシュ大統領はただちに非常事態を宣言。イスラム過激派組織アルカイダの犯行と発表して国民および国際社会に「テロとの戦い」を呼びかけた。同年10月、米国は集団的自衛権を発動するNATO（北大西洋条約機構）やオーストラリアなどの協力を得て、アルカイダの指導者ウサマ・ビンラディンが潜伏するとされたアフガニスタンに対して軍事行動を開始した。この有志連合の「侵攻」によって2カ月ほどでアフガニスタンのタリバン政権は崩壊したが、ビンラディンの身柄確保などには至らなかった（ビンラディンは2011年、アフガニスタンの隣国パキスタンで米海軍特殊部隊により殺害された）。

9・11以前から米経済は低調だった。電力自由化を導入していたカリフォルニアで複数の電力会社が経営危機に陥り大規模な停電が続くといった社会不安もあった。2001年には総合エネルギー企業エンロンの粉飾決算が発覚したことをきっかけに、次々と大企業の不正会計問題も明らかになった。自由貿易の推進やマネーサプライを重視する新自由主義的な経済政策をとり、「小さな政府」を志向するブッシュ大統領の支持率は50％程度にとどまっていた。

トッドは98年に上梓した『経済幻想』（藤原書店、1999）で、世界需要の構造的な不足や西欧教育システムの自己崩壊、先進国の人口減少といったトレンドを指摘し、「アングロサクソンの超自由主義」による常軌を逸した自由貿易が世界標準となる現行のグローバリズムを批判。国際協調を前提にする経済状況をふまえた一時的な

「保護主義」の必要性に言及している。その主張は今日も変わっていない。

9・11直後、ブッシュ大統領の支持率は90％を超えた。そして２００３年３月、「大量破壊兵器」の保有を理由にイラクのサダム・フセイン政権打倒の軍事行動に踏み切る。この間に行われた国連によるイラク査察では、核兵器や化学兵器、生物兵器を保有する証拠は確認されず、国連安保理はフランスとロシアの反対により武力行使を認めなかった。しかし、米国は独自の証拠があるとして、英国やポーランドの協力を得て空爆および地上戦を開始。２カ月ほどでブッシュ大統領は「大規模戦闘終結」を宣言し、同年12月にはフセイン・イラク大統領が拘束された（２００５年12月、ブッシュ大統領は大量破壊兵器の証拠は誤りだったと発表。２０１６年７月には英政府の独立調査委員会が当時の政権の参戦判断や法的手続きなどに誤りがあったと報告している）。

イラク戦争開戦時の英国はブレア首相、日本は小泉純一郎総理だった。共に率先して米国の軍事行動への支持を表明した。一方、フランスの大統領はシラク、ドイツの首相はシュレーダー。これらの国は、先のアフガニスタンへの軍事行動ではＮＡＴＯとして共に参戦したが、イラク戦争では共に反対の立場を貫いた。

トッドによれば、ＥＵ（欧州連合）経済を主導するドイツの反対がなかったらフランスはなにもできなかった。つまり、仏独の反対はドイツが強固な国際的正統性を回復していたことを示す象徴的な出来事だったという。また、米国の一連の軍事行動については、自らの衰退を覆い隠すための「演劇的小規模軍事行動主義」であり、「選ばれた敵のサイズが米国の国力を規定している」という根本的な現実を決して見落としてはならないと警告していた。

日本の小泉政権は2003年12月から非戦闘地域とされたイラク南部の都市サマワを中心に自衛隊を派遣した。そして、経済政策では新自由主義的な「聖域なき構造改革」をうたい、米ドルを買い支える為替介入を繰り返した。この時期、日米関係の強化という日本政府の姿勢がより鮮明になったといえるだろう。

イラクではフセイン政権崩壊後、米国主導で誕生した新政府、残党勢力、テログループによる騒乱が長く続いた。自衛隊のイラク派遣は2009年2月まで続き、のべ約9000人が任務にあたった。アフガニスタンとイラクからの米軍撤退を公約に掲げ、2008年11月の米大統領選に勝利したバラク・オバマがイラク戦争の終結を宣言したのは、ようやく2010年8月のことだった。

日本は米国以外の同盟国を持つべきだ

米国のイラク攻撃に対し、フランスやドイツはどうしてあそこまで強硬に抵抗したのか。米欧間に生まれた深い亀裂は何を意味するのか。フランスの人類・歴史学者エマニュエル・トッド氏は、近著『帝国以後』などで超大国の弱点の分析を続けている。欧州の視点に立つと、米国の意外な側面が見えてくる。

——いつかは折れると、大方が見ていた独仏の粘りは予想外です。

何より予想外だったのは米に抗議する大衆行動が、英国、スペイン、イタリアなど政府が米を支持する欧州諸国にも自然に力強く広がったことだ。米国こそが世界の秩序混乱の原因である、と人々が身にしみて実感し始めている。独仏の結束の固さも、実は私には予想外だった。両国間には相手の真意を疑う部分もあったはず。その背中を押したのは、反戦世論の高まりだ。

――米国が「世界秩序混乱の原因」とはずいぶん刺激的な表現ですね。

欧米間には、戦略的利益や認識で大きな違いが生じている。欧州は交渉の文化とでも言うべき体質を身につけつつあり、紛争を武力で解決することはもうあり得ない。独仏の結束にロシアも加わったが、この3カ国は過去に相争い、何百万、何千万という犠牲者を出した。惨禍の歴史を土台に欧州は、経済面でも相互依存による均衡重視の立場をとる。この点は日本とも共通している。

――米国は違う、と。

米国は逆に、不均衡を基調とする体質になった。世界の資本を強引にでも自国に集中させるため、軍事的手段を絶えず機能させていないとやっていけない国になったのだ。世界のどこかに紛争を必要とし、そこで自分の軍事力を誇示しようとする。私はこれを、軍事ショーという意味で「劇場型ミクロ軍事主義」と呼んでいる。

――米国は民主主義の旗手だったはず。なぜそんなふうになったと考えていますか。

たしかに米国は20世紀、とくに第2次大戦後からしばらくの間は輝いていた。欧州世界の植民地主義がアジアなどで犯した過ちをぬぐい、世界に平和と民主主義をもたらすのに多大な貢献を果たした。ところが西側でまずスペイン、ポルトガルなどの独裁制が倒れ、続いて共産主義もほぼ崩壊して、米国が世界の民主主義の核である意義がにわかに色あせた。

並行して、米資本主義の変質、衰退が始まった。デリバティブ（金融派生商品）の例のように何を生み出しているのか疑わしい「生産性」が幅を利かせる。企業は訴訟で賠償金を取ることに血道を上げる。一方で貿易・財政の赤字がふくらむ。米国の実情は、資本主義として明らかに常軌を逸しつつある。周りがそれをやかましく言わないのは、米国の消費で世界経済が支えられていると考えているからだ。しかし、このメカニズムは限界に達している。

――それが世界秩序混乱の構造である、と。

民主主義の核としての輝きを失った上、経済的には不安定要因の核になってしまった。ドルの弱さがそれを象徴している。ドル安の意味するものは、実は外交力を含む米国全般への信頼低下だ。このことへの危機意識が世界に対する米国の攻撃的姿勢を生んでいるとすれば、放置できない。日本銀行がドルを懸命に支えているのは、世界の安定に寄与し、英雄的だとさえいえる。

――米欧は経済面でも対立している？

米国がいま真の脅威と感じているのは、国際テロ組織アルカイダよりむしろ欧州通貨ユーロだ。ユーロこそが世界におけるドルの、言い換えれば米国そのものの基軸性を脅かす。米国はいまや欧州を係争相手と位置づけている。これが米欧摩擦の底流だ。私はハンチントン氏の『文明の衝突』論に必ずしも同意しないが、その衝突が最初に米欧間に起きたとすれば皮肉な話だ。

――最大の覇権国が常軌を逸したとすれば由々しいことだが、今後正常に戻ると考えますか。

米国の先行きを楽観視する意見がある。現状は9・11テロ後の特殊な状況だ、ブッシュ政権下で一時的におかしくなっているだけ、イラクの失敗に学んでいつかは態度を改める、と。そう願いたいが、確証はない。米国はそもそも、正常な資本主義を取り戻そうとする意思も度量もなくしたのではないか。航空産業をとっても、欧州のエアバスとの競争を通じてでなく、軍事に特化することで生き延びようとしている。

――国際社会はイラク開戦に当たっても有効な対処を欠いたように見えます。今後どうしたらいいのでしょう。

歴史は、国家はつねに理性的だとはいえない、と教える。諸国の政治指導者がなすべきは、米国に対し、譲歩せずに批判すべきを批判し続けることだ。それは反米主義を意味しない。世界秩序に正しい均衡を目指すのが目的なのだ。その点で英国・ブレア政権の姿勢は弁護しがたい。英国にはほかに多くの友（同盟国）があり、地政学的な安定にも恵まれ、米国を批判できる立場にありながら、そうしなかった。

――日本は米国の追随者に見えますか。

英国と比べ、日本の立場はそれなりに理解できる。この国はアジアにさえ真の友がいない。いま米国と手を切れる状況にはない。しかし世論は欧州に似て、反戦の意識が強い。象徴的な数の自衛隊部隊を限定的な任務（復興支援）のために送り出すという決定は、苦悩の選択の結果だろう。その決定も時間をかけて下された。

問題は日本の同盟の相手が米国だけ、ということだ。世界最強のこの相手は、絶えず戦争・紛争のタネを探し回り、折あらばそこに日本も巻き込もうと狙っている。日本には米国以外の選択肢も必要だ。選択肢が米国だけ、というのは選択肢の名に値しない。

——米一極支配の現状に国連もまた何をすべきか、途方に暮れているようです。

イラク事態で国連が無力だったと見るのは完全な誤りだ。世界がこれほど国連の論議に注目したことはかつてなかった。しかも安保理は米国の意向に正面から立ちはだかった。多国の集まりである国連は、欧州連合（EU）と同じく、攻撃的組織にはなりえない。力の支配への調整役として機能しているし、そうし続けるだろう。

問題があるとすれば米国が支える軍事力と、日独に代表される経済力とが、国連の機能の中でうまくかみ合っていないことだ。私は日独が安保理で重要な役割を与えられるべきだと考える。

（2004年2月4日）

帝国アメリカは崩壊過程にある

イラク攻撃準備に突っ走る米国を見て、トッド氏は「崩壊しつつある帝国だ」と指摘する。イラク問題の本質は、そんな米国と対抗勢力として浮上し始めた欧州との対立であり、イラクのフセイン大統領はドラマの脇役に過ぎない、というのが見立てだ。

――イラク危機での米国の振る舞いをどう評価しますか。

我々が目撃しているのは、帝国としての米国の崩壊過程だ。軍事的に超大国でも経済的には弱体化が著しい。貿易赤字は増大し続けている。だれもが米国にカネを置いておけば安心と思っていたが、エンロン事件などでそのカネが日々の消費で消えているだけであることに気づいた。米国システムの脆弱さが分かり、ドルも下がっている。「悪の枢軸」論は、それでも米国は必要だと世界に思わせるための戦略だ。だが「悪者」のうち北朝鮮は中国がからむ。イランは民主的にさえなりつつある。そこで実際は取るに足りない力しかないイラクを選び、力んでいるのだ」

――どこが米国に対抗できるのでしょう。

米国のラムズフェルド国防長官は、仏独がイラク問題で共同歩調をとる姿勢を見せたとたんに「古い欧州」と軽蔑してみせた。この反応の早さはむしろ、仏独を推進役として「大国」になりつつある「新しい欧州」への恐怖感を示している。米国にとって深刻なのはフランスの抵抗よりシュレーダー独政権の「戦争反対」だろう。世界の経済大国は米独日の三つ。米国がほかの2国を支配することで秩序ができていた。その一つが造反すれば、システムは崩壊するからだ。ドイツの離反は歴史的だ。欧州経済は堅調だし、次第にシステムとしてもできあがりつつある。つまり、米国と軍事的、経済的大国である欧州が対立しているのだ。フセイン大統領は、この両者が繰り広げるチェスの「ポーン」（歩）の駒みたいな役割しか担っていない。

――だが欧州はイラク問題で分裂気味です。

確かに、欧州の8人の首脳が親米を訴える公開書簡を発表した。しかし、これは個人的なもので8人の背後に国民はついてきていない。人々は欧州としてまとまっていて、米国寄りではない。

――米国は仏独抜きでも戦争をしそうです。

欧州の主要国が同調せず、膨大な貿易赤字を抱えてドルが下がり続ける中、どんな戦争ができるのか。湾岸に15万人の兵力を置けば、1週間で10億ドルの出費だ。ところが、米国は貿易赤字を埋めるために1日に15億ドルの資金を必要としている。本当なら戦争など避けたいはずだ。だが、政府もメディアも一体になったようなこけおどしを続けたために、抜き差しならなくなっているのだろう。

（2003年2月8日）

9・11に始まった文明の衝突

――世界は新しい時代に入ったのでしょうか。

テロがなにかを変えたというより、人々が見たくなかった現実をあからさまにした。世界秩序にはもう「かなめ」がなくなっているという現実だ。

――かなめとは?

米国だった。しかし、テロは、その米国が実際はかなりもろいことを暴いた。米国は軍事大国だし、ドルも強い。しかし、ばく大な経常赤字を抱えた消費大国で、工業生産は日独よりずっと非効率だ。カリフォルニアでは電力さえ満足に供給できなかった。テロは景気後退期に追い打ちをかけてそんな経済の脆弱さを明らかにしただけではない。

米国がサウジアラビアやパキスタンに対するコントロールを失っていたことや情報機関の機能不全も分かってしまった。

――それが意味するのは？

我々は、世界秩序のかなめが必要だったから、米国のもろさから目をそらし続けてきた。だが、テロでそうはいかなくなった。とくに困るのはドイツと日本だろう。戦後、米国の管理の下で、両国とも国際的な責任から解き放たれて経済活動に専念していればよかった。心理的に米国に依存する習慣がついてしまった。しかし、今や両国をはじめ西欧各国の政府は「孤児」になったように感じているのではないか。

――かなめのない世界に幾多の文明が存在しています。

文明は一つではない。各文明間には解消しえない違いも確かにある。だが、世界全体としてみれば、代表制民主主義を備えた自由な社会が広がりつつあるのは事実だ。人類学的には、そうした社会が生まれたアングロサクソンの対極にアラブ・イスラム世界の大半が位置する。しかし、その特殊性を固定したものと考えるべきではない。それもまた歴史の中で変わる。

――あなたは、米ハーバード大のハンチントン教授が『文明の衝突』を書く前から文明の違いが大きな意味を持つことを指摘し、政治・経済体制も文明の違いによるところが大きいと主張しています。

遺産相続の方法などを通して見た親子、兄弟関係から分析すると、アングロサクソンは、社会的な平等ということに最も関心が薄い、個人主義的で自由主義的な文明だ。それが選挙による政権交代を基本にした民主主義や経済自由主義に一番適していたのだが、そのモデルが世界のどこにでも簡単に適用可能というわけではなかった。

――ほかの文明は、民主主義を導入し近代化するのにもっと苦労したというわけですね。

比較的近かったフランスでさえ苦しんだ。上下の社会秩序を重視し個人主義からもっと遠い日本やドイツはさらに困難が伴った。ヒトラーや日本軍国主義は、近代化過程の危機の表れだ。もし、1939年であればハンチントン教授は、イスラム世界と西欧の衝突よりも、アングロサクソンとドイツ文明や日本文明の衝突について書いたかもしれない。ロシアの共産主義的全体主義とアングロサクソンの対立を文明の衝突として描くことだって可能だった。だが結局、前者の衝突は戦争を経て解消したし、後者は戦争もないまま終わった。

――ドイツなどよりさらにアングロサクソンから離れているアラブ・イスラム文明の場合はどうなるのでしょうか。

私は著書『経済幻想』の中でいくつかのタイプの文明の個人主義度に点数をつけて順番に並べた。トップのアングロサクソンに対してアラブ世界はビリだ。遺産相続の仕方や同族結婚の多さなどから、最も反個人主義的な文明に分類できる。だが、人類学的な原型はそうでも、やはり変わりつつある。

――変化はどこに？

出生率の推移を見るだけでも分かる。フランス革命にしろロシア革命にしろ、あらゆる国で近代化に伴う危機の時代には、信仰の危機や大量殺りくとともに出生率の低下が見られた。人々は新しい時代に備え、考えもなしに子どもをつくらなくなる。出産制限はいわば近代化するための手段であり、考え方の変化がまず出生率に表れる。そして多くのイスラム諸国で今、出生率が急速に下がっている。

——たとえば?

イランだ。79年のイスラム革命では前例のない規模のイスラム原理主義の台頭が見られた。私たちがイスラム原理主義の存在を意識した最初の現象でもあった。フランス革命やロシア革命に匹敵する殺りくもあった。そのイランに今や、ち密な選挙システムが登場している。で、出生率を見てみると、女性1人あたり2・3人だ。人口面での変貌はすでに終了している。つまり、近代化の危機をくぐり抜けたのだ。イスラム圏の多くの国が同様の変化を見せつつある。アルジェリアなどマグレブ諸国(アフリカ北西部のイスラム圏)の動きも早い。すでに出生率は約3人に下がっている。

——アフガニスタンも?

イスラム圏の主要な国の中で、まだ大きく動いていない国が三つある。米国にはお気の毒だが、サウジアラビアとパキスタンとアフガニスタンだ。近代化の入り口にさしかかっているかもしれないが、3国は出生率の変化が一番遅れていて、まだ6人くらいだ。危機の時代には、生活や考え方の急激な変化で必ず暴力が登場する。それがイスラム過激派だ。伝統的なシステムへの別離の叫び声のようなもので、忍耐強く待たねばならない。しかし、アングロサクソンとは違う形にしろ近代化に向かっていると思う。

――あなたは、各文明の家族制度とイデオロギーの関係を分析した著書『3番目の惑星』(邦訳「第三惑星」『世界の多様性』藤原書店所収)で「アラブ・イスラム文明には、国家という観念が欠ける」とも指摘しています。それでも、近代国家に変わるでしょうか。

確かに、アラブ・イスラム文明での家族制度と近代的な国家の登場とは相入れないところがある。しかし、近代化とは伝統的な家族システムを破壊することでもある。その一方で、必ず残り続ける要素もある。たとえば、日本だって個人主義が大きく進んだが、日本人の国家に対する関係は米国人と同じではない。各文明は接近しても、完全に区別がつかなくなることはないと考えるべきだろう。国家の形もいくらか違ってくる。

――先進諸国の間では、グローバル化の進展で次第に影が薄くなりつつあった「国家」がテロの後、急に存在感を増しているように見えます。

西欧社会では、国家はつねに前に出たり退いたり、揺れ続けてきた。9月11日以前から、人々は経済自由主義によるグローバル化がそろそろ限界に来ていると感じていた。欧米で反対運動も盛り上がりつつあった。同時多発テロは、そうした空気を一気に顕在化させた。

——それを受けて各国は治安を強化し、テロで打撃を受けた産業に補助金を出し……。

テロや戦争で人々の国家に期待する気分が高まったのは確かだ。しかし、私が懸念するのは、政府がそれを利用しているのではないか、という点だ。フランスでは、私が勤める国立研究所にまで郵便物を扱うための手袋が配布された。およそテロの標的になりそうもない。だが、そうやって、日々テロにさらされているのだと思わせられると、人々はますます国家の規制を求め、マスコミは治安を重要課題にしてしまう。まったく妄想もいいところだ。だが、この妄想には意味がある。それで、国家が再登場できる。

——国家がより治安に傾斜した形で舞い戻っているということですね。

反グローバル派が望むような、経済問題に専念する国家ならよいのだが、むしろ、秩序を維持するために治安への懸念を人々に感じさせ、軍備などの支出を増やす。再登場しているのは、そういう国家だ。

――で、テロ前に国家に期待されていたはずのグローバル化を是正する役割の方はどうなったのでしょう。

たとえばフランスでは、グローバル化の犠牲となって企業が倒産し、失職する労働者のニュースが続いているが、そういう場面に国家は介入しない。国家はこうした問題より治安面で素早い動きを見せるばかりだ。

（2001年11月21日）

反対　欧州各国、一律じゃない

――ユーロ導入に反対する理由は。

通貨統合には暗黙の前提がある。欧州各国は次第に同じような社会になりつつあるという仮説だ。一般に先進国社会は似ると考えられている。しかし、人類学的に見ると、各社会の行動様式などの違いは今も変わらない。たとえば、ドイツ社会では共同体の秩序が尊重される傾向が強いのに対し、フランス社会はより個人主義的。日本と米国の間と同じくらいの違いがある。

これは経済面にも表れる。ドイツの労組や経営者団体は労働者や経営者の代表としての権限が強く、交渉が効果的だが、フランスの労組などは統率力が弱い、といった具合だ。

——違いは広がるのか。

人口を見てみよう。各国で少子化が進んでいるが、速度はまったく違う。今後20年で若者人口の減少はフランスなどで一割程度なのに、イタリアは四割も減る。

各国が教育や社会保障の改革で足並みを一律にするのは無理。予算も国によって相当違わざるをえないが、通貨政策だけは同じにするというのはむちゃだ。

それに、今回のユーロのやり方は最悪だ。欧州中央銀行は、経済情勢に応じた柔軟な通貨政策よりユーロの安定とインフレ回避を重視した厳格な管理を目指している。しかし、欧州では今後、若年層が減少するのだから消費が伸び悩む。つまりデフレ対策こそ必要なのに、インフレリスクしか考えていない。

——欧州は一つにまとまらなければ、強くなれないのでは。

望むだけで一つになれるなら世話はない。各国の違いは重力みたいなもの。嫌だからといって、存在しないことにするわけにはいかない。

——ユーロの将来は。

もう止めるのは無理だ。しかし、推進した指導者たちの間でも不安は高まっている。今さら間違いだったと告白できないので進めているだけだ。2005年にはユーロはなくなっていると思う。

（1998年5月2日）

おわりに

新聞記者がものごとを見る射程は短い。朝刊夕刊と日に2回、発行するリズムに合わせて仕事をするからだ。

この交渉は午後までに合意するだろうか、警察は明朝、あの人物の逮捕に踏み切るか、問題の企業の人事で、今日中に動きがあるのか……。頭をそんな問いでいっぱいにして、あちこちを走り回る。

2001年9月11日、米国で同時多発テロがあったとき、当時パリにいた私も日々の動きを追うのに精いっぱいだった。フランスはどんな対テロ政策を打ち出すのか、いつ、どんな軍事力を動員するのか。

とはいえ、歴史的な事件である。もっと長い物差しによる展望も読者に提供しなければならない。だから、国際関係や中東情勢の専門家に話を聴いたり、ベテラン外交官に見通しを尋ねたりもした。それぞれ、なるほどと思う視点を示してくれる。勉強にもなる。でも、なにか足りない。なにか根本的なことに目を向けていないのではないか。そんな思いがぬぐえなかった。

では、だれに話を聞けばいいか？　頭に浮かんだのが、エマニュエル・トッド氏だった。すでにユーロ導入についてインタビュー（本書190ページ）をして、斬新な視点にうならされた経験があった。『経済幻想』のユニークな米国論にも感心していた。ただ当時、彼は「9・11」についてフランスのメディアでもあまり発言をしていなかった。どんな話になるのかさっぱり予測できないままパリ市内の自宅を訪ねたことを覚えている。

打ちのめされた。そんな感じだった。射程は長かった。恐ろしく長かった。中東の国々の出生率のデータまで持ち出してこの事件を語る人に出会うのは初めてだった。

「9・11」を人類学的に歴史的に分析し、しかも強い説得力があった。

振り返ると、このときのインタビュー（本書182ページ）は、翌年に出版される『帝国以後』に取り組んでいる最中に行われたことになる。あの日の私は偶然にも、優れた知識人が歴史的な事件を考察し新しい考えを生み出しつつあるその現場に居合わせることになったのだと思う。私にとって、最も忘れがたいインタビューの一つとなった。

それ以来、時事問題についてどう考えればいいのか、手がかりを求めて彼から話を聞く機会が重なっていった。毎回、取材とはいえ、知識人に教わりに行くようでもあった。なにしろ、こちらはただの新聞記者。人類学にも歴史学にも門外漢である。けれども、彼はつねにていねいに分かりやすく話してくれた。記者というのはせっかちで、起きたばかりの出来事をどう見るべきかという問いに早く解をほしがる。むちゃな注文だが、ときに考え込みながら誠実に答えてくれた。

自分が疑ってもいなかった価値観が根底から覆される経験もしばしばだった。だから会う前にはいつもちょっと不安がある。けれども、思いもよらない新しい世界像が見えてくるかもしれないという期待感のほうがずっと強い。そして実際、インタビューで自分のものの見方が粉砕されても、むしろさわやかにさえ感じた。

この本は、私と同僚たちによるそんな取材の記録でもある。そのときどきの時事問題をどう考えればいいか悩んでやってくる記者たちの問いへの答えである。

だから、彼の人類学者、歴史学者としての巨大な思想を系統立てて説明するものではない。しかし、グローバル化はどこに向かうのか、自分はそれにどう向き合えばいいのか、といった疑問を抱く人には、それを考える大きな手がかりになるのでは、と思う。

この本では基本的に、それぞれのインタビューの主立った内容をまとめた当時の紙面の記事を再掲しているが、今年の1月と8月に行ったインタビューは、発言のほぼすべての内容を紹介した。最近の世界の動きについての彼の見解は、なるべく詳しくお伝えしたほうがいいと考えたからだ。

最後に、こうした本をまとめる上で尽力いただいた方々に深く感謝したい。まず、会うたびに「今度こそインタビュー抜きでメシでも食いに行こうよ」と誘ってくれるのに、毎回取材をしてしまう野暮な日本の記者を友人と呼び、この本の出版を快諾、編集に協力してくれたトッド氏本人に。また、朝日新聞出版の宇都宮健太朗氏にもお礼を申し上げたい。彼の提案と熱心な取り組みがなければ、この本はできあがらなかっただろう。また朝日新聞フォーラム事務局の丹内敦子さんからも編集作業への支援をいただいた。編集の実務にあたった星野新一氏、各章でインタビュー当時の時代背景などの解説を執筆した高橋和彦氏にも謝意を表したい。

朝日新聞編集委員　大野博人

初出一覧

Ⅰ　夢の時代の終わり　――語り下ろし（聞き手：大野博人）

Ⅱ　暴力・分断・ニヒリズム
――語り下ろし／2016年2月11日要旨掲載（聞き手：大野博人）

Ⅲ　グローバル化と民主主義の危機
好戦的な、いわば狂気が世界に広がりつつある
――2015年2月19日（聞き手：冨永格）
「国家」が決定的な重みを持つ時代
――2014年7月8日（聞き手：高久潤）
ユーロは憎しみの製造機　――2011年12月9日（聞き手：大野博人）
民主主義はだれを幸せにするか　――2011年1月8日（聞き手：大野博人）

Ⅳ　アメリカ「金融帝国」の終焉
今や米国は問題もたらす存在でしかない
――2008年10月30日（聞き手：国末憲人、大野博人）
グローバル化は単なる経済自由主義ではなく、より厄介だ
――2008年3月31日（聞き手：大野博人）
日本に「核武装」を勧めたい　――2006年10月30日（聞き手：若宮啓文）
フランス暴動　移民国家の「平等」の証し　――2005年12月2日（談話）

Ⅴ　終わらない「対テロ」戦争
日本は米国以外の同盟国を持つべきだ
――2004年2月4日（聞き手：中川謙）
帝国アメリカは崩壊過程にある　――2003年2月8日（聞き手：大野博人）
9.11に始まった文明の衝突　――2001年11月21日（聞き手：大野博人）
反対　欧州各国、一律じゃない　――1998年5月2日（聞き手：大野博人）

※日付はすべて朝日新聞朝刊
※Ⅲ、Ⅳ、Ⅴ コラム――高橋和彦

エマニュエル・トッド

1951年フランス生まれ。歴史家、家族人類学者、人口学者。家族制度や識字率、出生率に基づき現代政治や社会を分析し、ソ連崩壊、米国の金融危機、アラブの春、英国EU離脱などを予言。主な著書に『経済幻想』『帝国以後』(日本語訳は藤原書店)、『シャルリとは誰か?』『「ドイツ帝国」が世界を破滅させる』(文春新書)など。

朝日新書
589

グローバリズム以後《いご》

アメリカ帝国《ていこく》の失墜《しっつい》と日本《にほん》の運命《うんめい》

2016年10月30日 第1刷発行
2016年12月20日 第5刷発行

著者　エマニュエル・トッド
聞き手　朝日新聞

発行者　友澤和子
カバーデザイン　アンスガー・フォルマー　田嶋佳子
印刷所　凸版印刷株式会社
発行所　朝日新聞出版
〒104-8011　東京都中央区築地5-3-2
電話　03-5541-8832(編集)
03-5540-7793(販売)

Published in Japan by Asahi Shimbun Publications Inc.
ISBN 978-4-02-273689-5
定価はカバーに表示してあります。

落丁・乱丁の場合は弊社業務部(電話03-5540-7800)へご連絡ください。
送料弊社負担にてお取り替えいたします。